공부를 시작하려는 _____ 에게,

무한한 가능성을 담아.

10대를 위한 30가지 공부 이야기

강원국의 진짜 공부

강원국 지음

창비

들어가는 말

나는 왜 공부에 관해 말하고 싶은가

내 운명을 바꾼 사건

기자가 되고 싶었습니다. 증권 회사에 입사해서 홍보실을 지원했지요. 그곳에서 공부하다 신문사 시험을 볼 요량이었습니다. 저에게 처음 맡겨진 일이 그 회사 20년사(史) 책자를 만드는 일이었지요. 그해가 창사 20주년이었거든요. 글을 쓰는 분은 회사 밖에 따로 있었습니다. 나는 그분의 심부름을 했습니다. 자료를 챙겨다 드리고 그분이 쓴 원고를 받아 오는 일이었지요. 그때는 스마트폰은 고사하고 컴퓨터도 인터넷도 없던 시대였습니다. 이메일이란 것도 없었고요. 원고지에 글을 쓰면 발품을 팔아 그걸 직접 받아 와야 했지요.

그러던 차에 그분이 다른 회사 사사(社史. 회사의 역사 또는 그런 기록)를 베껴서 주신다는 걸 알게 됐습니다. 회사에 보고했고

신의를 어긴 그분과의 계약은 파기됐습니다. 문제는 그다음이었습니다. 회사에서 신입 사원인 나에게 글을 쓰라고 하는 겁니다. 나밖에 쓸 사람이 없다고요. 그동안 자료라도 본 사람은 나뿐이라고요. 잘 쓸 필요 없으니 다른 책 베끼지만 말라고, 읽을 사람도 없고, 나오기만 하면 된다면서 쓸 것을 종용했습니다. 읽을 사람도 없다고 하니 썼지요. 그 회사를 계속 다니려면 쓸 수밖에 없었습니다. 몇 달간 그 책을 쓰면서 신문사 시험 준비는 물 건너갔고요.

홍보실에 눌러앉아 글 쓰는 일을 했습니다. 사보나 사내 방송 원고를 쓰고 보도 자료, 사장 연설문 등을 썼습니다. 글을 잘 쓰진 못했지만, 그때 이미 나는 책을 써 본 사람이었지요. 남들이 내 글에는 시비 걸지 않았습니다. 글은 타고난 재능이 부족해도 많이 쓰다 보면 실력이 늡니다. 마침내 내가 속한 회사를 창업한 (지금은 돌아가신) 김우중 회장의 글을 쓰게 되었습니다. 당시 김우중 대우 그룹 회장은 '전경련(전국 경제인 연합회)'이란 경제 단체의 대표를 맡고 있어 경제 관련 연설문을 쓰게 됐지요. 그러던 중 대우 그룹이 문을 닫았습니다.

어느 날 청와대에 들어갔다

2000년, 김대중 전 대통령이 남북 정상 회담을 위해 평양으로 출발하면서 국민에게 인사말을 했습니다.

"차가운 머리와 뜨거운 가슴으로 회담에 임하겠습니다."

나는 집에서 그 연설을 들었습니다. 나도 모르게 아내에게 이렇게 말했다고 해요.

"나도 저런 연설문 쓸 수 있는데."

마치 내가 한 말을 하늘에서 듣기라도 한 듯이 그 후 두어 달이 지나 대통령 비서실에서 연락이 왔고, 실기와 면접을 거쳐 김대중 대통령의 경제 분야 연설문을 쓰는 행정관으로 청와대에 들어가게 됐습니다.

김대중 대통령에 이어 노무현 후보가 당선되고, 나는 대통령직 인수 위원회에 파견 나가 노무현 당선인의 연설문을 썼습니다. 그런데 당선인은 내 글을 참고조차 하지 않았습니다. 내역할은 여기까진가 보다 생각하고 대통령 당선인이 취임할 때까지만 일하겠다고 마음먹었습니다. 취임식 당일, 당선인 주최 오찬과 만찬 행사가 있었는데 오찬에는 국내 요인을, 만찬에서는 외국 축하 사절을 대상으로 연설하게 되어 있었습니다. 노무현 당선인은 그전까지만 해도 밥 먹는 자리에서는 연설문을 읽은 적이 없는데 그날따라 준비해 놓은 연설문이 있느냐고 찾았습니다. 마침 나는 오찬 연설문과 만찬 연설문을 미리 써 놓았던 터라 갖다드릴 수 있었죠. 김대중 대통령은 어떤 연설도

즉석에서 하는 법이 없었고, 늘 연설문을 준비해서 읽으셨기에 그분을 모셔 왔던 나로서는 당연히 준비해 두었지요.

취임하고 그다음 날 노무현 대통령이 비서실을 순회하던 중 연설 비서실에 들르셨고, 나를 찾았습니다. "자네 덕분에 낭패를 면했네. 고마워요." 하는 게 아닌가요. 그 뒤로 노무현 대통령의 연설 비서관으로 임기 마칠 때까지 일하게 됐지요. 사실 하루도 마음 편한 날이 없었습니다. 대통령을 모시기에는 실력이 많이 모자랐기 때문입니다. 대통령에게 누를 끼치지는 않을까, 내 실력이 들통나지는 않을까 늘 전전긍긍했습니다. 시간을 많이 들이는 것밖엔 방법이 없었지요. 남들이 3시간 일해서 쓸 수 있는 것을 5시간, 6시간 들여서 썼습니다. 연설 비서관실에서 함께 일하는 행정관들의 도움도 컸고요.

내 말을 쓰기 시작하다

청와대를 나와 얼마 되지 않아 내가 모신 김대중, 노무현 두 전 대통령이 연이어 돌아가셨고 나 역시 이곳저곳을 전전하다가 위암 선고를 받기도 했지요. 결국 회사 생활을 정리하고 출판사에 평사원으로 들어갔습니다. 더 이상 잃을 것도, 내려갈 곳도 없었습니다. 올라가고자 하는 욕심도 물론 없었지요. 스트레스받지 않고 쉬엄쉬엄 다른 저자의 책을 편집하며 보낼 생각이었습니다. 그러던 중 책 쓰는 일이 특별한 사람만 하는 게 아니라는 것을 알게 됐고, 두 달간 휴직하고 책을 쓰게 됐습니다. 그게 첫 책 『대통령의 글쓰기』메디치미디어, 2014인데, 이 책이 생각지도 않게 많이 팔리는 행운을 안겨 줬지요. 그래서 책을 쓰고 강의하는 길에 들어선 지 10년이 되었고, 이번에 여덟 번째 책을 내게 됐습니다.

목표를 가지고 계획적으로 살아오지 못했습니다. 그때그때 물 흐르는 대로 떠밀리며 살아왔지요. 오라면 오고, 가라면 갔습니다. 내 운명을 스스로 좌우하지 못했습니다. 다만 주어진 상황에서 열심히는 했던 것 같습니다. 그래서 나는 이런 말에 동의하지 않습니다. "재능은 타고나는 것이다.", "사람은 변하지 않는다.", "주어진 환경은 어찌할 수 없다."

학창 시절과 직장 생활 내내 남의 말을 잘 들었습니다. 남의 기대나 요구, 비위를 잘 맞춰서 눈 밖에 나지 않으려고 노력했지요. 그래야 안전했거든요. 나아가 누군가의 인정이 필요했습니다. 인정받기 위해 시키는 일을 잘하고자 했습니다. 시킨 사람의 생각과 마음을 읽는 데 최선을 다했습니다. 그랬더니 승진도 하고 발탁도 됐지요. 하지만 즐겁고 행복한 나날은 아니었습니다.

10년 전부터는 남의 글과 말을 읽고 듣는 게 아니라, 내 말을 하고 내 글을 씁니다. 해 보니 남에게 맞춰 주는 것보다 확실히 즐겁습니다. 내가 판단하고 선택하고 결정합니다. 이전에는 내가 만든 것이 내 것이 아니었지만 이제는 내 것을 만듭니다. 품질이 좋건 나쁘건 내 작품을 만듭니다. 또 내가 만든 것을 남들에게 보여 주고 나누는 기쁨이 있습니다. 경제적으로도 훨씬 나아졌습니다. 남의 말을 듣고 남의 글을 써서 월급을 받을 때 보다 더 나은 대접을 받습니다. 적어도 금전적인 이유로 하기 싫은 일을 억지로 해야 하거나, 하고 싶은 일을 못 하는 일은 없어졌습니다. 경제적 자유를 얻은 셈입니다.

　요즘은 방송하고 강의하고 글 쓰면서 삽니다. 3년 전부터 KBS 1라디오에서 프로그램을 맡아 「강원국의 말 같은 말」을 진행했고, 「강원국의 지금 이 사람」을 해 오고 있습니다. 기업, 공공 기관, 학교에서 일주일에 네댓 번 강의하고, 두어 군데 잡지에 글 연재도 합니다. 1년에 한 권꼴로 책도 쓰고요.

　나는 평생 교육에 관심이 많았습니다. 아버지는 고등학교, 어머니는 초등학교 선생님이었습니다. 나도 대학에서 교직 과목을 이수해 2급 정교사 자격증을 땄습니다. 교생 실습도 마쳤고요. 청와대에서 노무현 대통령을 3년째 모시고 있던 무렵, 오래전부터 생각해 오던 고등학교 선생님을 해 보려고 대통령께 구두로 사직을 표하기도 했습니다. 뜻대로 되지 못했지만요.

나를 키우는 진짜 공부를 만나다

요즘 사는 게 행복합니다. 공부가 가장 재밌습니다. 이시형 박사가 『공부하는 독종이 살아남는다』중앙북스, 2009란 책에서 나이 들어 하는 공부가 더 잘되는 이유를 밝혔는데, 구구절절 맞는 얘기입니다.

첫째, 치열한 경쟁에서 살아남는 길은 공부뿐이란 사실을 깨달았고, 둘째, 학교 다닐 적에는 오직 시험을 잘 보기 위한 주입식 공부였지만, 나이 들어서는 여러 곳에 실제로 써먹을 수 있는 실용적인 공부여서 그렇고, 셋째, 살아오면서 쌓은 경험이 공부의 요령을 알려 주고, 넷째, 물질적·정신적으로 많은 투자가 가능하고, 다섯째, 자신에 대해 잘 알고 있으며, 여섯째, 학생 때는 남이 평가하지만 어른이 되면 스스로 평가하게 되어 공부의 성취감이 더 크기 때문이라고 합니다.

많은 사람이 그렇듯이 저도 살면서 가장 많이 한 게 공부였습니다. 초·중·고등학교를 거쳐 대학교 내내 공부했습니다. 직장 생활 25년 동안 글 공부, 말 공부, 사람 공부를 했지요. 요즘에는 강의하기 위해 또 공부합니다. 이처럼 평생 배우고 깨우치는 게 우리의 삶인 것 같습니다.

2023년, 올해로 강의 10년 차를 맞습니다. 가는 곳마다 공부에 관한 질문을 많이 받습니다. "어떻게 하면 집중력을 높일 수 있나요?", "도대체 왜 공부를 해야 하는지 모르겠어요.", "딸 아이가 책 읽는 걸 싫어해서 걱정입니다. 어떻게 하면 좋을까요?", "학원 가지 않고 혼자 공부하는 방법 좀 알려 주세요."

이러한 질문들을 받으며 긴 시간 붙들고 있던 공부에 대한 나의 결론은 이렇습니다.

말하기, 쓰기 중심의 공부가 되어야 합니다. 읽기, 듣기 위주의 공부에서 벗어나야 합니다. 물론 말하고 쓰기 위해서는 읽고 들어야겠지요. 결국 공부는 읽고 들은 후 생각해서 만든 것을 말하고 쓰는 과정이고, 읽고 듣는 건 말하고 쓰기 위한 수단이지요. 말하고 쓰는 게 공부의 목적입니다. 목적에 충실한 공부가 되려면 어떻게 해야 할까요. 선생님 한 사람이 말하고 쓰고, 여러 사람이 듣고 읽는 게 아니라, 여러 사람이 말하고 쓰고 선생님을 비롯한 여러 사람이 듣고 읽는 공부를 해야 합니다.

혼자 하는 공부, 경쟁하는 공부가 아니라 함께하는 공부, 협력하는 공부가 되어야 합니다. 각자 공부하고 서로 경쟁하지 않고, 함께 모여 서로가 서로에게 배우고, 서로 돕는 과정을 통해 학습이 이루어져야 합니다.

소유를 늘리는 공부가 아니라 공유(共有)를 넓히는 공부여야 합니다. 내가 아는 것을 내 안에 쌓아 나만을 위해 쓰는 게 아니라, '공부해서 남 주는' 보람 있는 공부를 해야 합니다. 나눔과 베풂의 즐거움을 만끽하는 공부여야 합니다.

수동적인 공부가 아니라 주도적인 공부를 해야 합니다. 외적 동기보다는 내적 동기로 하는 공부가, 외면의 힘을 키우기보다는 내면의 힘을 키우기 위해 하는 공부가 지속력이 있고 결과도 좋습니다.

머리로만 하는 공부가 아니라 가슴과 손발로 하는 공부여야 합니다. 지식보다는 지혜와 지성을 키우고, 영리하고 똑똑한 사람보다는 착하고 진실한 사람을 만드는 공부가 되어야 합니다.

학교 공부에서 그치지 않고 평생 공부가 되어야 합니다. 학창 시절 공부만 열심히 한 사람이 평생 떵떵거리고 사는 시대는 지났습니다. 사는 동안 쉬지 않고 공부하는 사람이 나이 들수록 더 행복해지는 시대가 됐습니다. 성공만을 좇지 않고 행복을 향해 한 걸음 한 걸음 나아가는 공부가 되어야 합니다.

양해를 구하고 싶은 게 있습니다. 나의 학창 시절 경험은 오래전이다 보니 지금 여러분의 학교생활과는 다를 수 있다는 점입니다. 하지만 예나 지금이나 진짜 공부의 본질은 바뀌지 않았다고 생각합니다. 그래서 용기 내어 썼습니다. 그 점을 감 안해서 봐 주시길 바랍니다.

2023년 여름
강원국

차례

Day 1

이제는 진짜 공부를
해야 할 때

공부의 이유

공부가 무엇인지 모르는 사람은 없습니다. 그러나 설명해 보라 하면 선뜻 말하기 쉽지 않지요. 설명의 내용도 제각각일 가능성이 높습니다. 나 역시 마찬가지입니다. 하나로 정의하기 어렵습니다. 그래서 대략 세 방향으로 말해 보겠습니다.

첫째, 관문을 통과하기 위한 학업으로서의 공부가 있습니다. 대학 진학을 위해, 취업을 위해, 자격을 얻기 위해 하는 공부지요. 이 공부에는 늘 평가 시험이 따라붙습니다. 또한 시험은 없지만 관문을 통과해야 하는 일도 많고요. 이런 관문을 통과하기 위해서는 경험과 습관이 요구됩니다. 수많은 시도와 착오를 경험하면서 성공을 향해 나아가는 과정이 필요하고, 이를 지속적으로 수행하기 위해서는 스스로 세운 계획에 맞춰 반복적으로 실행해 나가는 습관이 몸에 배어야 합니다.

삶은 우리에게 끊임없이 과제를 부여합니다. 어떤 과제는 삶의 방향을 바꿔 놓을 정도로 중대한가 하면, 또 어떤 과제는 비중이 소소합니다. 하지만 과제의 경중과 무관하게 시기마다 주어지는 숙제를 어떻게든 해내야 하는 게 우리의 숙명이지요. 그런 점에서 인생은 공부의 연속입니다.

둘째, 지식·정보·기술을 습득하기 위한, 다시 말해 자기 계발과 지적 성장을 위한 공부가 있습니다. 한 분야를 체계적으로 익히는 학문도 여기에 해당하고, 글쓰기, 말하기, 그림 그리기, 노래하고 악기 다루기, 명상이나 체육 활동, 외국어 구사 같은 실용적 기능과 솜씨를 익히는 학습도 포함합니다. 이런 공부를 위해 필요한 것은 시간과 노력입니다. 독서와 연습에 시간을 들이고 힘을 쏟아야 합니다.

이 공부가 성공을 거두기 위해서는 유념할 것이 있습니다. 우선 배우고 익히는 '학습(學習)'이 온전히 이루어져야 합니다. '배울 학(學)'만 있고 '익힐 습(習)'이 없으면 공부라 할 수 없습니다. 배우기만 한 것은 내 것이 아니고, 그것을 익혔을 때 비로소 내 것이 됩니다. 그런데 나의 학창 시절 공부는 배움만 있었어요. 익힘까지 나아가지 못한 것이지요. 배운 것을 내재화하여 내 것으로 만들지 못한 교육이었습니다. 나는 배움보다 익힘이 더 중요하다고 생각합니다. 익힘에 더 많은 시간을 들여야 합니다. 중·고등학교에서 배움만 있었다면, 대학이나 직장에서는 배움과 익힘을 함께해야 하고, 마침내 익힘만 있는 단계로까지 발전해야 한다고 생각합니다.

또 한 가지 유념할 점은 본래 있던 것을 받아들이기만 하고, 새로운 것을 만들지 못하는 공부여선 안 된다는 겁니다. 돈을 벌어 쌓아 두기만 하면 무슨 소용이 있을까요. 돈은 적절히 썼을 때 그 가치가 발휘됩니다. 공부도 지식과 정보를 내 안에 쌓기만 하면 의미가 없습니다. 쌓인 지식과 정보를 연결하고 결합해서 온고지신(溫故知新, 옛것을 익히고 그것을 미루어서 새것을 안다는 뜻)해야 합니다. 창조에 이바지하는 공부가 되어야 하는 것이지요.

한 가지 더 염두에 둬야 할 것은 공부만 해서 세상일은 잘 모르는 '책상물림'이 되지 말아야 한다는 점입니다. 세상 돌아가는 데에는 관심을 두지 않고, 공부에만 몰두해서는 곤란합니다. 자신의 인격을 수양하고 남과 겨뤄 이기기 위한 공부도 필요하지만, 세상에 보탬이 되고 사람들에게 이익이 되는 쪽으로 이바지하는 공부도 중요하거든요. 그러기 위해서는 세상 물정을 알기 위해 힘쓰고 세상으로 들어가 적극적으로 참여해야 합니다.

셋째, 인격을 닦고 역량을 키우는 공부입니다. 이를 통해 정신적 성숙을 이루어 공부하는 토대를 갖춰야 합니다. '공부' 란 말은 본디 불교에서 유래했고, 깨달음을 얻기 위해 수행하는 것을 의미했습니다. 그런 점에서 공부할 수 있는 인격과 역량을 갖추는 것이야말로 공부의 본뜻에 부합한다고 할 수 있겠습니다.

진짜 공부는 고등학교 교과목이나 대학교 학과처럼 따로따로 분리되어 있지 않습니다. 서로 연결되어 있습니다. 어떤 공부를 잘하기 위해서는 다른 공부가 필요하고, 하나의 문제를 풀기 위해서는 여러 공부가 동원되어야 합니다. 따라서 겉으로 드러나는 개별 과목 공부도 해야 하지만, 이런 공부를 보다 잘하기 위해서는 인격을 닦고 역량을 키울 필요가 있습니다. 이것이 바로 기초 체력과 근육을 키우는 공부이지요.

인격에 해당하는 기초 체력은 호기심, 인내심, 도전 정신, 협동심 같은 것들입니다. 선천적으로 가지고 태어나기도 하지만, 노력을 통해 얼마든지 기를 수 있습니다. 역량이라고 할 수 있는 공부 근육은 집중력, 관찰력, 공감력, 비판력, 질문력, 지구력, 상상력 들인데, 이것들 또한 부단한 훈련으로 길러질 수 있습니다.

인격과 역량은 두 가지 길을 통해 연마됩니다. 그 하나는 관계입니다. 부모와 스승, 선배, 친구, 배우자, 연인 등과의 만남을 통해 이루어지는 것이지요. 이런 말이 있습니다.

"세 사람이 길을 가면 반드시 스승이 될 만한 사람이 있다."

주변에는 누가 됐든 반드시 배울 만한 사람이 있습니다. 그 사람이 나보다 잘났든 못났든 말입니다. 바로 그 사람과 관계를 맺으면서 보고 배우고 본받고 깨우쳐야 합니다.

인격과 역량을 연마하는 또 다른 길은 공부 그 자체입니다. 공부를 잘하기 위해서는 호기심, 집중력, 끈기가 필요한데, 이런 덕성은 공부를 통해 길러집니다. 우리는 모두 알고 싶어 합니다. 알지 못할 때 답답하고요. 그리고 답답함을 해소하기 위해 공부하지요. 알고 싶은 마음, 즉 호기심은 아예 모르거나 너무 잘 알아도 줄어듭니다. 적당히 모를 때 그 부분을 채우기 위해 호기심이 발동하고 공부하게 됩니다. 그런데 공부하면 호기심은 더 커지지요. 공부하면 무엇을 모르는지, 채워야 할 부분이 무엇인지 알게 되기 때문입니다.

집중력도 마찬가지입니다. 공부는 그 자체가 고도의 집중력 훈련입니다. 공부하는 이유와 목적이 분명할수록 집중하는 힘이 커지는데, 공부하는 과정에서 그런 이유와 목적이 선명해지고 간절해지는 것이므로, 공부는 집중력을 키우는 가장 효과적인 방법입니다.

끈기 역시 공부를 통해 길러집니다. 학창 시절, 성적이 좋은 학생들의 공통점은 꾸준하다는 것이었습니다. 놀고 싶고 자고 싶은 마음을 참으면서 책상에 오래 앉아 있는 끈기가 공부하게 만들고, 그렇게 공부하면서 끈기가 강해집니다.

진짜 공부의 의미를 생각해 보면 중·고등학교 성적이 좋은 것만 공부를 잘하는 것이 아닙니다. 그림을 잘 그리거나 운동을 잘하는 것도 공부를 잘하는 것이고, 끈기 있고 협력을 잘하는 것도 공부 잘하는 것이지요. 나아가 부모나 선배로서 제 역할을 잘하는 것도 공부 잘해야 가능한 일입니다.

●●   .

어려운 시험을 통과한 사람이 인격적으로 문제가 있을 수도 있고, 어질고 따뜻한 품성을 갖춘 이가 취직 시험에서는 연거푸 낙방할 수도 있는 것입니다. 과연 우리는 어떤 공부를 잘해야 할까요? 또 누가 진짜 공부를 잘한 사람이라고 할 수 있을까요?

왜 공부하기 싫으냐고 물으면 대답이 각양각색입니다. 공부보다 더 재미있는 일이 많아서, 너무 어려워 쫓아가기 힘들어서, 왜 공부해야 하는지 잘 몰라서, 집중이 안 돼서, 남과 비교당하는 게 싫어서…. 그 가운데 공부에 소질이 없어서라고 말하는 사람도 있습니다. 소질이 없다는 뜻은 자신이 공부를 잘할 수 있는 머리를 타고나지 못했다는 푸념이거나, 공부가 재미있지 않다, 공부에 취미가 없다, 공부는 내 적성이 아니라는 넋두리입니다.

그런데 과연 그럴까요? 타고난 머리가 있어야 하는 공부도 있지만, 그렇지 않은 공부도 많아요. 교과 과정에서 요구하는 지적 능력이 공부 머리의 전부가 아닙니다. 공감 능력과 감수성이 필요한 공부도 많습니다. 재미도 그렇습니다. 학교 다닐 적 공부가 재미없던 사람도 다른 공부에서는 흥미를 느낄 수 있어요. 공부에 취미가 없다는 사람은 아직 자신에게 맞는 공부를 만나지 못했을 가능성이 높습니다. 나이를 먹거나 환경이 바뀌면, 그리고 스스로 그런 공부를 찾기 시작하면 가까운 데서 얼마든지 만날 수 있습니다.

공부도 때가 있다는 말은 틀렸습니다. 태어나서 죽을 때까지 해야 합니다. 학교에 다니기 전부터 우리는 공부했습니다. 그 시기가 아마 인생에서 가장 악착같이 공부한 시기가 아닐까 싶어요. 걷기 위해 넘어지기를 수없이 반복하고, 친구들과 놀기 위해 온갖 궁리를 다 합니다. 그리고 학창 시절은 싫으나 좋으나 공부와 무관하게 살 수 없고요.

　문제는 학교를 졸업한 이후입니다. 직장 생활을 하건, 자영업에 뛰어들건, 이제부터 본격적으로 공부해야 한다는 각성이 필요합니다. 특히 앞서 언급한 인격 도야와 역량 함양을 위한 공부에 정진해야 합니다. 나날이 발전하는 기술에 세상은 점점 복잡해지고, 우리의 기대 수명은 100세 이상까지 늘어났기 때문입니다. 나이가 들어서는 살던 대로 살아온 삶의 궤도에서 과감하게 벗어나 새로운 삶을 추구하고 시도해야 합니다.

⬤⬤

　그렇다면 왜 공부해야 할까요? 나는 행복하기 위해서라고 답하고 싶습니다. 누군가 그랬습니다. 행복은 현재에도 좋고 미래에도 좋은 것이라고요. 일에는 해야 하는 일과 하고 싶은 일이 있습니다. 해야 하는 일을 하는 건 미래에는 좋지만, 현재는 좋지 않을 수 있습니다. 하고 싶은 일을 하는 건 현재에는 좋지만, 미래에는 안 좋을 수 있지요. 나는 공부야말로 현재에도 좋고 미래에도 좋은 일이라고 생각합니다. 공부하는 현재가 좋을 수 있느냐고요? 나도 학교 다닐 적엔 공부가 좋지 않았습니다.

하지만 직장 생활할 적엔 시키는 일은 하지 않고 공부만 할 수 있으면 좋겠다고 생각했어요. 직장을 다니지 않는 지금은 세상에서 가장 재밌는 일이 공부가 되었습니다.

공부는 현재에도 좋고 미래에도 좋습니다. 공부하면서 기쁨과 희열을 느끼고요, 오늘보다 나은 내일의 나를 기대하게 됩니다. ☺

Day 2
진짜 공부를 하는 방법

동기 부여

흔히 학자들은 공부하는 유형을 네 부류로 나누더군요.

❶ 계획적으로 공부하는 규범형

❷ 하고 싶은 공부만 하는 행동형

❸ 좋아하고 싫어하는 과목이 분명한 탐구형

❹ 칭찬이나 꾸중에 예민한 민감형

나는 네 번째 유형입니다. 사람들에게 인정받기 위해 노력하고 나를 인정해 주는 사람을 위해 열심히 합니다. 칭찬해 주면 쉽게 동기 부여가 되고 비난에 크게 상처받지요.

내가 고등학교에 진학하던 1970년대 말에는 요즘 수능과 같은 선발 고사를 통해 학생을 뽑았습니다. 하지만 나는 시험을 잘 못 봐서 내가 원하는 학교에 들어가지 못했습니다. 내가 살던 도시에선 모름지기 그 학교를 나와야 행세할 수 있었으니 아버지의 실망이 이만저만이 아니었을 것입니다. 낙방한 것을 알게 된 날, 아버지가 내게 이렇게 얘기했습니다.

"윈스턴 처칠도 육군 사관 학교를 두 번 떨어졌다."

그게 전부였습니다.

하지만 고등학교에 가서도 철이 들지 않았습니다. 후기 고등학교에 다닌다는 자격지심도 컸지요. 매일 떨어졌던 학교 앞을 지나서 멀리 있는 학교에 가야 했습니다. 엇나가기 시작했죠. 아버지 간섭에서 벗어나려는 속셈으로 독서실에 들어가겠다고 했습니다. 아버지가 신이 나서 내 손을 붙잡고 시장에 갔습니다. 독서실에서 쓸 침낭과 평소 내가 입고 싶어 했던 옷을 사 주고, 아프면 먹으라고 소화제와 두통약까지 챙겨 줬습니다. 그때는 독서실에서 잠도 잘 수 있었거든요. 나는 사 주신 물건을 들고 독서실이 아닌 친구 집에 갔지요. 담배 피우고 술도 마셨습니다. 아버지 속을 무던히도 썩였어요. 급기야 고등학교 3학년을 한 번 더 다녀야 했습니다.

고교 시절이 다 끝나 갈 무렵, 아버지가 울먹이며 얘기했습니다.

"엄마가 돌아가실 때 마지막 말이 뭔지 아니? 초등학생인 너를 두고 가면서 내게 신신당부했어. 아이들 공부 끝까지 할 수 있게 해 달라고. 그럴 테니 걱정 말고 편히 가라고 했지. 그 약속을 지켜야 하지 않겠느냐."

문득 아버지에게 미안했습니다. 말썽 피우는 내게 화도 날 법한데 참고 기다려 주는 아버지가 고마웠습니다. 아버지를 기쁘게 해 드리고 싶었지요. 공부해야겠다고 마음먹었습니다.

●●

무슨 일이든 잘하기 위해선 동기가 필요합니다. 그래서 동기 부여를 해야 한다고 하지요. 공부도 그렇습니다. 하지만 학습 동기는 부여할 필요가 없습니다. 태어날 때부터 갖고 있으니까요. 어린아이는 누가 가르쳐 주지 않아도 스스로 일어나 걸으려고 합니다. 말을 배우려고 하고요. 배우려는 욕구를 본능적으로 타고난 것이지요.

그런데 많은 아이들이 어느 시점부터 학습 욕구를 점차 잃어 가더니 왕성하던 호기심도 줄어들고 끊이지 않던 질문도 그만두게 됩니다. 학습에 관한 동기를 부여하는 길은 딴 데 있지 않습니다. 본래 가지고 있는 학습 욕구를 잘 보존해 주는 게 가장 훌륭한 동기 부여 방법 아닐까 싶습니다. 그러니까 학습 욕구에 손상을 입는 것이 문제입니다.

빌 게이츠가 추천했다고 해서 읽은, 다이앤 태브너의 『최고의 교실』더난출판사, 2021에는 세 유형의 엄마가 나옵니다. 늘 간섭하고 참견해서 자녀를 응석받이로 만드는 헬리콥터 맘, 자녀를 엄하고 혹독하게 양육하는 타이거 맘, 제설차가 쌓인 눈을 밀어 버리듯 자녀 성공에 걸림돌이 되는 것을 원천적으로 제거하는 스노플라우(Snowplow) 맘. 이런 유형의 엄마들도 아이의 학습 욕구를 꺾고, 동기 부여에 역행하는 길을 가고 있는 게 아닐까요?

동기에는 내적 동기와 외적 동기가 있다고 하지요. 여기 두 학생이 있습니다. 한 학생은 좋은 성적을 내면 학교에서 우등상을 받고 부모님에게 칭찬도 들을 수 있기 때문에 공부합니다. 외적 동기로 공부하는 학생입니다. 다른 학생은 하나하나 알아 가는 게 재미있고 신기해서, 그리고 적어도 우리 반 평균 점수를 깎아 먹진 말아야겠다는 생각으로 공부합니다. 내적 동기로 공부하는 것입니다. 사실 내적 동기와 외적 동기 중 어느 하나만 작동하진 않습니다. 내적 동기와 외적 동기가 함께 가는 경우가 대부분이지요. 하지만 사람에 따라 비중은 다르게 마련이고, 이는 나이를 먹어 가면서 변화하기도 합니다. 나도 중·고등학교 시절에는 외적 동기가 압도적으로 높았습니다. 그런데 나이 들수록 내적 동기 비중이 점점 커져 간다는 걸 느낍니다.

문제는 돈이나 권력, 인기, 명예와 같은 외적 동기 요소는 제약과 한계가 있다는 점입니다. 갖고 싶다고 마음껏 가질 수 없을뿐더러 남과 비교되기 때문에 만족이 어렵습니다. 그래서 둘 중 하나를 선택해야 한다면 내적 동기를 좇는 게 바람직합니다. 그러므로 자신이 하는 공부에서 보람과 성취감을 느끼고 궁극적으로 행복하기 위해서는 외적 동기로 시작은 하되, 내적 동기를 지속적으로 만들어 가는 노력이 필요합니다.

가장 중요한 것이 감사하는 마음을 갖는 것입니다. 나는 쉰 살 되기까지 세상에 삿대질하고 세상과 불화하며 살았습니다. 그것이 폼 나고 멋있는 삶이라 생각했습니다. 10여 년 전 암 선고를 받은 후 비로소 살아 있는 것 자체가 고마운 일이라는 걸 깨달았지요. 내가 남에게 준 것보다 남에게 받은 게 훨씬 많다는 것, 손해 본 것보다는 이익 본 게 월등히 많고, 수지맞는 장사 하며 살았다는 걸 뒤늦게 알아차렸습니다. 아니, 모든 건 덮어고 하루하루가 선물이라는 사실을 알았지요. 그때부터 매사를 긍정적으로 보게 되었습니다. 어려운 일을 당해도 화내고 짜증 내기보다는 어려움이 주는 의미에서 교훈을 얻어 그것을 새로운 기회로 삼게 됐습니다.

요즘 나의 글쓰기 요령은 감사와 감탄입니다. 글 쓸 시간이 있어 감사하고 살아 있어 감사합니다. 또한 내 글에 스스로 감탄해 줍니다. 글이 안 써질 때는 나의 과거 투병기를 읽습니다. 그러면 이렇게 글 쓰다 죽는 것도 감사한 일이라는 생각이 듭니다.

●●

아들이 하나 있습니다. 그 아들을 두고 아내와 늘 얘기합니다. 나는 '햇볕 정책'을 펴야 한다고 말합니다. 참고 기다리면서 아들에 대한 기대를 놓지 말아야 한다고 말이죠. 그러면 언젠가는 부모 마음을 알게 될 것이고, 기대에 부응하기 위해 노력할 것이라고요. 그러나 아내는 생각이 다릅니다. 결핍이 사람을 성장하게 한다고 말합니다. 자신이 그랬다고요. 아내는 그 옛날 떠먹는 요구르트가 처음 나왔을 때, 그게 그렇게 먹고 싶었답니다. 하지만 마음껏 먹을 수 있는 형편이 안 됐던 거죠. 그래서 돈을 벌어야겠다고 마음먹었고, 그러기 위해 공부했다고 해요.

나는 아들에게 이런 말을 해 주고 싶었습니다. "부모는 너를 믿는다. 너의 버팀목이 되어 줄 테니 걱정하지 마라." 사람

은 누구나 내가 보호받고 있다는 안정감 속에서 열심히 노력한
다고 믿기 때문입니다. 하지만 아내는 그러면 아들이 분투하지
않는다, 분투해야 하는 이유를 찾지 못하고, 그럴 필요도 없게
된다고 주장합니다. 한마디로 분투해야 하는 동기가 생기지 않
는다는 것이죠. 결국 나와 아내의 생각 차이는 아들에게 안정
감을 줄 것인가, 불안감을 안겨 줄 것인가입니다.

　　이는 접근 동기와 회피 동기의 차이이기도 하지요. 미국
컬럼비아 대학교의 심리학자 토리 히긴스는 인간의 동기를 '접
근'과 '회피' 두 가지로 구분합니다. 쉽게 표현하면 칭찬받기 위
해 열심히 하는 것은 접근 동기이고, 혼나지 않기 위해 노력하
는 것은 회피 동기입니다. 접근 동기로 성공했을 때는 기쁨을
느끼는 반면, 회피 동기로 성공했을 때는 안도감을 느낀다고
합니다. 반대로 실패했을 때는 어떤 감정을 느낄까요? 접근 동
기는 슬픔을, 회피 동기는 불안감을 느낀다고 합니다. 그러니
까 회피 동기, 즉 결핍을 극복하기 위해 들이는 노력은 잘해야
안도감이고, 대부분은 불안감 속에서 살아야 한다는 것이지요.
조금 단순하게 말해 보자면 접근 동기로 살면 기분이 좋은 상
태에서 사는 것이고, 회피 동기는 기분이 좋지 않은 상태라고
할 수 있습니다.

　　나 역시 직장 생활 내내 회피 동기로 일했습니다. 어떻게

하면 혼나지 않을까, 실수하거나 실패하지 않을까, 전전긍긍하며 살았지요. 일에서 기쁨을 느끼지 못했습니다. 그저 불안해하다 때때로 안도할 뿐이었죠. 아들은 그렇게 살지 않았으면 합니다.

어떻게 해야 접근 동기로 살아갈 수 있을까요? 바로 사람에 대한 기대를 놓지 않는 것입니다. 기대를 해도 될까 말까인데, 기대조차 하지 않으면 잘될 확률은 '0'에 가까울 수밖에 없겠지요. 기대하지 않는 대상이 기대 이상의 성과를 내는 건 불가능에 가깝다는 게 내 생각입니다.

1964년 미국 하버드 대학교 연구진이 샌프란시스코의 한 초등학교에서 20퍼센트의 학생을 무작위로 뽑아 그 명단을 교사에게 주면서 IQ(지능 지수)가 높은 아이들이라고 말했습니다. 그리고 8개월 후 명단에 오른 학생들이 어떻게 되었는지 봤지요. 그랬더니 명단에 있는 학생이 다른 학생들보다 평균 학업 성취도가 더 높았다고 합니다. 교사가 명단에 있는 학생에게 더 많은 관심과 기대를 보인 결과입니다. 이를 연구를 주도한 교수였던 로버트 로젠탈의 이름을 따 '로젠탈 효과(Rosenthal Effect)' 또는 '피그말리온 효과'라고 합니다. 그 관심과 기대의 대상이 자기 스스로가 될 수도 있겠지요.

아버지도 구순을 넘기셨습니다. 돌아보면 아버지의 기대는 내게 그 무엇에도 비할 수 없는 힘찬 격려가 됐다고 생각합니다. 아버지의 기대를 저버리지 않으려고, 기대에 부응하기 위해 한발 한발 내디뎌 왔습니다. 성장하기 위해서는 누군가의 기대가 필요합니다. 한 사람이 꿈을 이루기 위해서는 기대라는 자양분이 있어야 하지요. 나는 요즘도 힘들 때마다 아버지를 떠올립니다. 그리고 여전히 햇볕 정책을 믿습니다. 내게는 그만큼 효과적인 방법이 없었으니까요. 여러분은 누구의 기대를 받고 있는지 생각해 보기 바랍니다. ☺

Day 3
좋아하는 것을 더 좋아하자

애호감

수학 시험 시간이었습니다. 1번부터 3번까지 답안지에 표시할 수 없었습니다. 내가 푼 답이 보기에 없었기 때문입니다. '멘붕'이 됐습니다. 가슴만 벌렁벌렁 뛰고 아무런 공식도 생각이 안 나고 토할 것 같았지요. 그래서 자포자기하는 심정으로 1번부터 마지막 문제까지 답안지에 마킹을 했습니다. 찍은 겁니다. 답안지가 꽉 채워지니 왠지 마음이 편안해졌습니다. '사지선다형이니 찍어서 맞힐 확률이 25퍼센트, 잘하면 1/4은 맞겠구나. 재수가 좋으면 절반이 맞을 수도. 기적이 일어나면 100점도?' 이렇게 생각하니 마음이 놓였습니다. 그런 상태에서 풀 수 있는 문제를 다시 찾아봤습니다. 백지로 낼 일은 없는 상태에서 만만한 문제를 찾아 하나씩 풀어 볼 요량이었습니다.

가장 쉬워 보이는 문제를 풀어 보니 답이 나왔습니다. 답이 3번인데, 답안지는 4번에 마킹이 돼 있었습니다. '큰일 날 뻔했네.' 생각하며 고쳤습니다. 그 짜릿함이란…. 그다음 사냥감을 찾았습니다. 또 풀렸습니다. 이렇게 하나하나 풀다 보니 25문제 중 10문제 이상을 풀었습니다. 나머지는 운에 맡기고 시험을 마쳤지요. 쉬는 시간에 친구들 얘기를 들어 보니 나만 그런 게 아니라, 수학 문제가 역대급으로 어려웠다고 하더군요. 그때부터 나는 어려움이 닥칠 때마다 이런 생각을 하게 됐습니다.

'포기하지 말고 할 수 있는 것부터, 쉬운 일부터 해 보자. 그러다 보면 길이 열린다. 100점 맞을 욕심으로 덤벼들어 98점, 96점, 94점으로 점수가 깎이는 것이 아닌, 0점에서 출발해 2점, 4점, 6점으로 점수가 올라가는 도전을 하자.'

수학 시험을 볼 때 1번부터 100점 맞을 욕심으로 시작했거든요. 그런데 기대 대로 되지 않으니 멘붕이 온 것이고요. 마음을 비우고 시작하니 절반 가까이 풀 수 있는데도 말이죠.

글쓰기가 그렇습니다. 100점 맞을 욕심으로 첫 줄부터 쓰려 하면 잘 써지지 않습니다. 쓰고 싶은 내용을 쓸 수 있는 만큼 일단 씁니다. 그리고 하나씩 하나씩 고치는 것이죠. 일단 밑그림을 그려 놓고 그것을 수정하고 색칠하듯 말입니다.

어떤 사람이 글을 잘 쓸까요? 바로 세 가지 마음이 있는 사람입니다.

❶ 나는 글을 잘 쓴다.　　　⟶　　　자기 존중감

❷ 나는 글을 쓸 수 있다.　　　⟶　　　자아 효능감

❸ 나는 글 쓰는 걸 좋아한다.　　　⟶　　　애호감

나는 글을 그리 잘 쓰지 못합니다. 그 이유는 이런 마음이 부족해서일 거라 짐작합니다. 언젠가 내게도 이런 마음이 생기면 글을 잘 쓸 수 있지 않을까 기대합니다.

먼저 '나는 글을 잘 쓴다.'는 자기 존중감이 필요합니다. 모든 글을 잘 쓸 수는 없습니다. 누구도 그럴 순 없지요. 하지만 누구에게나 잘 쓸 수 있는 글은 있습니다. 남보다 잘 쓰는 것을 말하는 게 아닙니다. 글의 여러 갈래 가운데 내가 상대적으로 잘 쓰는 것을 말하는 것입니다. 나는 트위터 글보다는 페이스북 글을 잘 씁니다. 굳이 못 쓰는 트위터에 목매지 않습니다. 그럴 이유가 없지요.

글에는 분야가 많습니다. 설명하는 글을 잘 쓰는 사람이 있는가 하면, 논증하는 글, 묘사하는 글을 잘 쓰는 사람도 있습니다. 일기나 블로그 글을 잘 쓸 수도 있습니다. 소설가가 시인까지 되어야 하는 것은 아니지요. 말도 마찬가집니다. 재밌는 말을 잘하는 친구가 있는가 하면 논리 정연하게 말을 잘하는 사람도 있고, 논리는 부족하지만 청산유수로 말을 잘하는 사람, 박학다식으로 승부하는 사람도 있습니다. 남을 위로하거나 용기 주는 말을 잘하는 사람도 있고, 이야기를 걸쭉하게 잘하는 이도 있습니다.

잘하는 걸 더 잘하면 됩니다. 못하는 것을 잘하려고 하기보다는 잘하는 걸 더 잘하는 게 맞습니다. 그런데 학교 교육은 학생 개개인이 잘하는 것을 가르치지 않습니다. 학생 모두에게 공통적으로 필요한, 정해진 교육 과정에 따라 가르치지요.

내가 학교 다닐 적 공부는 평균을 올리는 것이 중요했습니다. 그러다 보니 못하는 것을 끌어올려 고루 잘해야 했습니다. 부모님과 학교는 아이가 못하는 것을 잘하게 만드는 데 많은 노력을 기울였습니다. 자녀와 제자에 대한 애정에서 비롯된 일입니다. 나무랄 일이 아니지요. 지금도 크게 달라지지 않았습니다. 수능이건 내신이건 평균이 높아야 하니까요.

생각해 보죠. 못하는 것을 잘하게 만드는 것과 잘하는 걸 더 잘하게 만드는 것 가운데 어느 쪽이 쉬울까요? 어떤 게 더 재밌을까요? 잘하는 걸 더 잘하게 만드는 것이라고 생각합니다. 잘하는 걸 할 때 자신 있고 신명이 납니다. 그뿐 아니라 이제는 모두 잘하는 게 강점이 되는 시대도 아닙니다. 소설가는 소설을 잘 쓰면 되고 시인은 시를 잘 쓰면 됩니다. 만능이 우대받던 시절이 있었지요. 지금은 만능에 높은 값을 쳐주지 않습니다. 만물박사가 더 이상 무조건적인 존경의 대상도 아닙니다.

잘하는 것이 아무것도 없는 아이는 없습니다. 무언가 잘하는 게 반드시 있습니다. 그것을 찾으면 됩니다. 과거에는 잘하는 것에도 우열이 있었습니다. 영어와 수학이 사회나 과학보다 중요했고 배점도 높았습니다. 아무거나 잘해선 의미 없고 남들이 인정해 주는 걸 잘해야 했지요. 까부는 것, 잘 노는 것은 아무리 잘해도 잘하는 게 아니었습니다. 지금은 달라졌습니다. 모든 것에 나름의 의미와 가치를 부여하는 세상이 됐습니다. 잘 놀기만 해도, 잘 먹기만 해도 인정받는 시대입니다.

다음은 '나는 글을 쓸 수 있다.'는 자아 효능감도 필요합니다. 자기 존중감을 바탕으로 할 수 있다는 자신감을 키워야 합니다. 자아 효능감은 시도와 반복으로 길러집니다. 나는 글을 쓰건 말을 하건 시작하기 전이 가장 두렵고 자신 없습니다. 그러나 막상 시작하면 그 전보다 훨씬 자신 있는 상태가 됩니다. 본디 동트기 전이 가장 어두운 법이지요. 시작에 머물지 않고 반복하면 자신감은 더 커집니다. 많이 하다 보면 익숙해집니다. 익숙해지면 잘할 수 있게 됩니다.

　　이를테면 나는 글 하나를 쓰기까지 여러 과정을 거치고, 단계마다 작은 성공 경험을 맛봅니다. 온라인 메모장에 메모할 거리가 떠오를 때 스스로 내건합니다. 그것을 누군가에게 말해 보면서 우쭐합니다. 블로그 같은 곳에 글을 쓰면서 공유하는 기쁨을 누리고 이렇게 조각조각 모아 둔 글을 꿰맞춰 하나의 글이 완성될 때 희열과 성취감을 느낍니다. 그런 순간순간마다 자아 효능감이 봄풀 자라듯 조금씩 자랍니다.

　　지금 나의 공부 대상은 말하기와 글쓰기입니다. 어떻게 하면 말을 잘하고 글을 잘 쓸 수 있을지 방법을 찾습니다. 그 속에서 하루하루를 삽니다. 매번 시도하고 반복합니다. 글쓰기와 말하기에 관해 말할 때 가장 자신 있습니다. 다른 주제의 글은 여전히 어렵지만, 글쓰기에 관한 글은 누구보다 잘 쓸 자신이 있습니다.

　　끝으로 '나는 글 쓰는 걸 좋아한다.'는 애호감을 키워야 합니다. 애호 대상은 글쓰기일 수도, 공부나 운동일 수도 있습니다. 그 대상이 무엇이든 애호감을 키우는 게 중요합니다. 애호감은 어떻게 키울 수 있을까요? 무엇보다 싫은 것을 싫다고 말할 수 있어야 합니다. 그것이 일이건 사람이건 상황이건 말입니다. 나는 예전에 싫다는 소리를 하지 않고 살았습니다. 사람들이 나를 좋아하지 않을 수 있다는 우려 때문이었습니다. 그러다 보니 정작 내가 무엇을 좋아하는지조차 몰랐습니다. '싫다'는 말을 하지 못하고 살 때는 하고 싶은 일이 아니라 해야 하는 일만 하면서 살게 됩니다. 하기 싫은데 해야 하는 일이어서 그 일을 할 때는 행복하기 어렵습니다.

싫은 걸 하지 않는 데 그쳐선 안 됩니다. 좋아하는 걸 찾아야 합니다. 그리고 자기에게 맞는, 자기가 원하는 공부를 찾으려면 책을 읽어야 하지요. 나는 글쓰기와 말하기에 관해 말하고 쓰는 게 좋습니다. 그것을 할 때 가장 행복합니다. 학교 다닐 적엔 공부가 재미없었는데, 요즘엔 말하기와 글쓰기에 관해 공부하는 게 즐겁습니다.

즐거운 이유는 간단합니다. 공부의 목적이 다르기 때문입니다. 학교 다닐 적에는 시험을 잘 보기 위해 공부했습니다. 지금은 말하고 쓰기 위해 공부합니다. 시험은 내가 주도하지 않습니다. 내가 주인이 아닙니다. 시험당하고 비교당하는 것입니다. 즐거울 리 만무합니다. 말하고 쓰는 것은 그렇지 않습니다. 내가 주관합니다. 남에게 끌려가는 것이 아니라 내가 끌고 갑니다. 내 말과 글의 주인은 나 자신입니다.

대학 강의에 가면 학생들이 묻습니다.

"좋아하는 일을 해야 하나요, 잘할 수 있는 일을 해야 하나요?"

나 같은 경우에는 좋아하는 일을 하다 보니 더 잘하게 되었습니다. 누구에게나 좋아하는 그 무엇이 있습니다. 해야 하는 일에 급급해 살다 보니 내가 무엇을 좋아하는지 잘 모를 수 있습니다. 하지만 찾아보면 좋아하는 그 무언가는 반드시 있습니다. 또 어떤 사람은 좋아하는 걸 알고 있지만, 사정상 그것을 하지 못하고 있을 수도 있습니다. 그런 경우라면 때를 기다려야겠지요. 잊지만 않는다면, 포기하지만 않는다면, 기회는 반드시 옵니다.

자기 존중감, 자아 효능감, 애호감 모두 자신에 대한 사랑에서 출발합니다. 2007년 노무현 대통령이 「참여정부 평가 포럼」 강연에서 하신 말씀이 생각납니다.

"자신을 사랑할 줄 아는 사람은 세상을 사랑합니다. 세상을 사랑하는 사람들은 불의에 분노할 줄 알고 저항합니다. 세상 돌아가는 이치를 탐구해서 좋은 세상을 만들기 위한 방도를 찾고 뜻을 세우고 이를 실행하기 위해 행동합니다. 사람을 모으고 설득하고 조직하고 권력과 싸우고 권력을 잡고 그리고 이렇게 정책을 실행하는 것입니다."

더 나은 세상을 만들기 위해 방도를 찾고 세상 돌아가는 이치를 탐구하는 것, 그것이 진짜 공부 아닐까요? 🙂

Day 4
믿고, 버티고,
기세를 올려라

내면의 힘

내가 진행하는 라디오 프로그램에서 서울아산병원 정희원 교수가 '가속 노화'란 개념에 대해 말해 주었습니다. 우리 몸속에는 누구나 노화 시계가 하나씩 들어 있는데, 어떤 사람은 하루에 1일씩 나이가 드는가 하면, 하루에 2~3일씩 더 빨리 나이가 드는 사람도 있다는 거죠. 쉽게 얘기해서 실제 나이보다 빨리 늙어 가는 현상이 가속 노화입니다.

가속 노화를 가져오는 여러 요인이 있는데 그중 대표적인 게 쾌락 중독이라고 합니다. 유튜브나 SNS에서 짧고 강한 자극만 좇다 보면 도파민 중독에 빠지게 되고, 집중력과 인지 기능이 떨어지게 된다는 겁니다. 그래서 30~40대가 50~60대처럼 기력이 떨어지고 기억력이 감퇴하는 경우가 발생한다는 거죠. 가속 노화를 억제하는 방법으로 운동이나 식이요법 등이 있으나 가장 좋은 방법은 마음 챙김이라고 합니다.

공부는 마음으로 합니다. 우선 마음을 열어야 합니다. 공부는 하고 싶어야 합니다. 그리고 하겠다고 마음먹어야 할 수 있습니다. 공부 욕심까지 생기면 금상첨화겠지요. 그렇다면 공부는 언제 하고 싶을까요? 공부가 잘된다고 생각할 때, 공부를 잘할 수 있을 것 같을 때, 마음에 걱정이 없고 불안하지 않을 때 아닌가요? 이 또한 마음입니다. 마음 근육을 단단하게 만드는 게 공부의 시작이지요.

대학을 졸업하고 회사에 들어갔습니다. 그 회사 지하에는 기사 대기실이 있었지요. 본사 부서장들의 차를 운전하는 분들이었습니다. 부서장이 얼추 30명이 넘었으므로 그들을 출근시키고 나면 서른 남짓한 기사들이 지하 대기실에 있다가 업무 차량 배차를 소화했지요.

나는 기사 대기실에서 유토피아를 봤습니다. 그 안에는 위아래가 없었습니다. 나이 차이가 있었지만 호칭은 그저 '형'이었고, 거의 반말에 가깝게 서로 허물없이 대했습니다. 그 방에서 누군가는 운동을 했고, 누군가는 책을 읽거나 잠을 잤고, 바

둑을 두거나 담소를 나누는 사람도 있었습니다. 순번대로 업무
차량만 운전하면 나머지 시간은 각자 하고 싶은 일을 하며 지
냈지요. 그분들에게는 승진도 인센티브도 없었습니다. 서로 경
쟁할 일도 누가 누구를 평가할 일도 없었지요. 참고로 당시에
는 종신 고용제라고 해서 본인이 나가겠다고 하지 않으면 평생
고용이 보장됐습니다. 요즘같이 명예퇴직이나 구조 조정 같은
게 없었습니다. 경제가 지속적으로 고도성장을 했기 때문에 사
람이 모자라 귀한 대접을 받던 시대였습니다. 특히 운전면허가
있는 사람도 드물어 기사직이 좋은 대우를 받기도 했지요.

　기사분들이 부럽고 행복해 보인 것은 비단 이런 이유에서
만은 아니었습니다. 그 안에서 모든 사람은 마음껏 자기 얘기
를 할 수 있었습니다. 막힌 데 없이 왁자지껄 소통이 이뤄졌습
니다. 누가 누구의 눈치 볼 일도, 비위 맞출 일도 없었지요. 그
뿐만 아니라 그곳은 정보의 저수지였습니다. 회사 안의 모든
정보가 거기 모였습니다. 기사분들이 사장이나 임원, 부서장에
게 들은 게 많기 때문입니다. 나는 그 방 풍경을 보며 어떤 말이
든 할 수 있고, 모든 정보를 알 수 있으면, 그리고 구성원들이
자기 결정권을 가지고 살 수 있으면 그곳은 유토피아가 되는구
나 생각했지요.

　대통령 연설 비서관이 된 이후 부러웠던 기사 대기실 풍경

을 대통령 비서실에서 구현해 보기로 마음먹었습니다. 세 가지를 공유하면 유토피아를 만들 수 있다고 생각했지요.

첫째, 시간을 공유했습니다. 행정관들의 시간을 상사인 내가 지배하지 않았습니다. 기사분들이 업무 배차 순번 지키듯 자신이 써야 할 원고 마감을 지키고 함께 모여 원고를 수정하는 회의 시간만 빠지지 않으면, 나머지 시간은 각자 알아서 사용하기로 했습니다. 사무실에 나오지 않고 집에서 원고를 써도 좋고, 할 일이 없으면 일찍 퇴근해도 되고, 카페에서 글이 잘 써지면 굳이 사무실에 있을 필요가 없었습니다. 근무 시간 중에 영화를 봐도 되고 등산을 해도 됐습니다.

둘째, 정보를 공유했습니다. 각자 알고 있는 지식이나 정보, 경험의 차이가 있습니다. 그러므로 통상 조직 구성원 간에는 알고 있는 것의 편차가 있고, 각자 알고 있는 걸 자신만을 위해 사용합니다. 이것을 공유했습니다. 각자 글을 쓰지만, 쓴 글이 나올 때마다 모여서 함께 고쳤습니다. 각자 알고 있는 것을 내어놓고 서로 알려 주면서 상호 간에 학습이 일어나고, 이런 결과로 아는 것의 격차가 줄어들면서 실력이 서로 엇비슷해지는 상향 평준화가 이뤄졌지요.

셋째, 일을 공유했습니다. 본래 행정관은 쓰고 비서관은 고쳤습니다. 행정관끼리도 업무가 나누어져 있어 자기 영역의 글만 썼습니다. 그렇게 하지 않고 누군가 초안을 쓰면 어떤 분야의 글이건 함께 고쳤습니다. 비서관과 행정관 사이의 벽이 무너지고, 행정관 사이의 칸막이가 사라진 것입니다. 서로 다른 업무에 관심을 갖고 관여하게 되니, 자기 분야의 글을 쓰는 데도 도움이 되고, 글의 수준도 몰라보게 올라갔습니다.

무엇보다 구성원 모두가 이전보다 행복해졌습니다. 모든 구성원이 기탄없이 말하고, 또한 들어 줌으로써 서로가 아는 것을 공유한 결과 서로를 속속들이 알게 됐고, 서로의 장점에서 배우고 결실을 함께 나누는 공동체가 만들어졌습니다.

시간, 정보, 일의 공유를 통해 우리가 한 것은 무엇이었을까요? 바로 함께 공부한 것입니다. 사람은 누구나 공부를 통해 성장합니다. 성장 발전하지 않으면 불안하고 초조합니다. 불안하고 초조하면 행복하지 않습니다. 그러므로 행복해지려면 공부해야 합니다.

●●

나는 마음 근육이 단단하지 못한 사람입니다. 자신감도 부족하고, 그러다 보니 매사에 의기소침합니다. 작은 일에 일희일비하고요. 늘 마음이 편치 못합니다. 고교 시절에는 강박 증

세로 병원에 간 적도 있습니다. 공부하고 있으면 뒤에서 누가 쳐다보는 것 같았어요. 누군가의 시선을 느끼는 거죠. 아무도 없는 줄 알지만, 뒤를 돌아보지 않으면 가슴이 두근거리고 공부에 집중할 수가 없었습니다. 물론 뒤를 보면 아무도 없었지요. 이 증상만이 아닙니다. 뾰족한 것을 보지 못했습니다. 컴퍼스나 샤프펜슬뿐 아니라 삼각자의 모서리도 잘 보지 못했습니다. 소리에도 민감했습니다. 여름철 매미 소리가 들리거나 시계 초침 소리를 의식하기 시작하면 그 소리만 엄청 크게 들렸습니다. 저 소리를 내가 어찌할 수 없다고 생각하면 불안감이 엄습해 왔습니다.

원인은 남에게 내 모습을 들킬까 봐 그런 것이었습니다. 남이 아는 내 모습보다 형편없는 본래 모습이 탄로 날까 두려웠던 것이죠. 이런 불안 증세는 결국 낮은 자존감 때문이었습니다. 자존감이 높다는 걸 나는 이렇게 이해합니다. 우선 자기 존재 의미가 있다고 생각합니다. 그러니까 자기 스스로를 괜찮은 사람, 쓸 만한 사람이라고 보는 거죠. 그뿐 아니라 자기가 뭐라도 할 수 있는 사람이라고 믿습니다. 자아 효능감이 높은 거죠. 이런 사람은 회복 탄력성도 좋습니다. 실수를 하거나 실패했을 때, 남에게 나쁜 평가를 받았을 때도 훌훌 털고 일어서는, 그걸 정리해 내는 힘이 세지요. 실패에 대한 두려움이 크지 않고, 어려운 정도가 높은 일에 대해서도 성공 가능성을 높게 보기 때문에 비교적 쉽게 도전하고, 그런 결과로 좋은 성과가 나오면 그때마다 성취감을 느끼는 거죠.

회사 생활할 때는 우울증이 찾아와 회사를 그만둔 적도 있습니다. 나의 우울증 역시 자존감에서 비롯됐다고 생각합니다. 자신감이 없으니 의욕이 없고, 의욕이 없으니 무기력해지면서 우울해지는 거죠. 뭐든 안 될 것 같고, 결과가 안 좋아서 알게 될 내 수준을 스스로 확인하기 싫은 것입니다. '내가 이걸 못하는 게 아니고 하기 싫어서, 의욕이 없어서 안 하는 거야.' 하고 자신을 위안했습니다. 당시에는 내가 하는 일마다 윗선에서 통과되지 않았고 지적과 나무람만 들었거든요. 매일 링에 오르는데 상대를 한 대도 때리지 못하고 일방적으로 맞기만 하는 기분이랄까요. 그래서 링에 오르는 것이 두렵고 싫었던 겁니다.

청와대에서 일할 때는 공황 장애도 겪었습니다. 곧 죽을 것 같은 공포감을 느꼈어요. 하늘에서 끝도 없이 추락하는 느낌과 비슷했습니다. 그때는 무슨 일이 또 내게 떨어질까, 떨어진 일을 잘 해낼 수 있을까 불안했고, 불안감이 깊어지니 공포감이 되더라고요.

이제는 이런 병들을 많이 극복했습니다. 그 비결은 글을 쓰는 것이었습니다. 내 모습, 그러니까 내 생각, 내 감정 등을 글에 쏟아 냈습니다. 글을 쓰면서 나를 있는 그대로, 객관적으로 보게 됐지요. 두려움이나 불안감을 느끼는 것은 정체를 모르기 때문입니다. 실체를 알 수 없을 때, 그것이 낯설 때 우리는 두렵거나 불안합니다. 또한 우리가 느끼는 나쁜 감정들은 뇌가 나에게 보내는 하소연입니다. 내가 이렇게 힘드니 어떻게 좀 해 달라는 구조 요청 신호인 것이죠. '그래, 힘들지? 잘 알고 있어.' 하며 공감해 주면 뇌의 탄원을 들어주는 결과가 되고, 뇌 역시 '이제 알았으니 됐다.' 하며 응어리를 풀게 되겠지요.

글만 쓴 게 아니고 아내에게 털어놓기도 합니다. 직장 다닐 때까지는 그런 말을 할 상대가 없다시피 했습니다. 혼자 알아서 삭여야 했지요. 직장을 그만둔 후부터는 늘 아내와 붙어 있게 됐고, 무슨 말이든 할 수 있었기에 내 감정을 풀어놓을 수 있었습니다. 아내에게 고민과 마음 상태를 얘기하면 그것을 객관적으로 볼 수 있게 됐습니다. 말하지 않고 마음속에 품고 있을 때는 일어나지 않을 일도 일어날 것처럼 작은 일도 큰 일로 과장됐는데, 말하고 나면 실체에 접근할 수 있게 되는 거죠. 자기 객관화가 이뤄지는 것입니다.

『동의보감』에서는 모든 병의 원인을 순환하지 않고 막히는 데서 찾는다고 합니다. 들숨이 있으면 날숨이 있고 먹으면 싸야 하는데, 들어오기만 하고 나가지 않으면 불통이 되고 그런 불통이 병을 만든다는 거죠.

내가 진행하는 라디오 프로그램에서 『무궁화꽃이 피었습니다』해냄, 1993(초판)를 쓴 김진명 작가를 만났는데 그러더군요.

"지위가 높고 돈이 많고 인물이 좋은 건 외면의 힘이 센 것이고, 착하고 성실하고 정의로운 것은 내면의 힘이 강한 것입니다. 우리 사회는 외면의 힘을 키우려고 달려갑니다. 하지만 외면의 힘으로는 행복할 수 없습니다. 외면의 힘을 얻을수록 내면은 무너져 갑니다. 하지만 내면의 힘은 다릅니다. 가지면 가질수록 더 큰 충만감과 만족감을 줍니다."

맞는 말입니다. 내가 대통령이나 대기업 회장을 모실 때 보면 그분들 앞에서 당당한 사람이 있는가 하면 안절부절못하는 사람이 있습니다. 외면의 힘이 센 사람일수록 당당한 게 아니라 절절매지요. 내면의 힘이 센 사람은 마음 근육이 단단합니다.

공부도 끗발 싸움입니다. 할 수 있다고 믿고, 버티고, 기세를 올려야 합니다. 그러기 위해서는 내면의 힘이 강해야 합니다. 자신의 잘못된 점을 지적해 주면 고맙다고 하는 사람이 있고, 잘된 점을 칭찬해 줘야 좋아하는 사람이 있습니다. 자신이 성장하려면 전자가 돼야 하는데, 그게 쉽지 않습니다. 이 역시 내면의 힘에 달려 있습니다.

●●

그렇다면 내면의 힘이 강한 사람의 특징은 뭘까요? 『학급 긍정훈육법』제인 넬슨 외, 에듀니티, 2014을 보면 내면의 힘이 강한 사람은 자신을 이렇게 생각한다고 합니다.

❶ 나는 능력이 있다.

❷ 나는 꼭 필요한 사람이다.

❸ 나는 남에게 도움을 주고, 주변에서 일어나는 일에 긍정적인 영향을 미친다.

❹ 나는 원칙이 있고 자기 조절력이 있다.

❺ 나는 다른 사람을 존중하며 행동한다.

❻ 나는 꾸준한 연습을 통해 지혜와 판단력을 발달시킨다.

이런 내면의 힘은 어떻게 키울 수 있을까요? 독서와 사색 (思索)밖에 없습니다. 독서로 마음의 양식을 쌓고, 사색으로 정신을 고양해야 합니다. 그것만이 정신적 직립 인간으로 가는 길입니다. 여러분도 내면의 힘을 기를 수 있는 자기만의 방법을 더 찾아보기를 바랍니다. ☺

Day 5
지식은 한눈팔기에서
피어난다

관찰력

    아내랑 하루 한 번 산책합니다. 같은 길을 같이 걷는데도 보는 게 다릅니다. 아내는 "저거 없었는데 새로 생겼네.", "원래 저게 노란색이었는데 주황으로 바뀌었네." 하며 내 눈에는 전혀 보이지 않는 것들을 찾아냅니다. 어렸을 적 숨은그림찾기나 서로 다른 부분 찾기 놀이 잘했던 사람처럼 여행을 가도 내가 못 본 풍경이나 광경을 아내는 참 많이 봅니다. 관찰력이 남다른 것이지요.

    공부의 출발점도 관찰입니다. 대부분의 공부는 보는 것에서 시작하지요. 무언가를 보면 우리 뇌의 뒤에 있는 후두엽에 자극이 들어오고, 뇌의 옆 부위인 측두엽에서 관찰을 시작하고, 뇌의 앞 부위인 전두엽에서 생각합니다. 그리고 윗부분인 두정엽에서 행동으로 옮기지요.

'백문불여일견(百聞不如一見)'이라 했습니다. 백 번 듣는 것보다 한 번 보는 게 낫다고요. 공부한다는 것은 넓게 보고, 멀리 보고, 꼼꼼하게 보고, 깊게 들여다보고, 다각도로 보고, 비교해 보고, 분류해 보는 것입니다. 추측해 보고 예측해 보는 것이기도 하지요. 거시적으로도 보고 미시적으로도 봐야 합니다. 주관적으로도 보고 객관적으로도 봐야 합니다. 현미경도 필요하고 망원경도 필요합니다.

●●

관찰에도 종류가 있습니다.

첫째, 구경입니다. 우리 국민은 구경하는 걸 좋아합니다. 장터 구경, 싸움 구경, 꽃구경, 사람 구경, 관광과 유람도 구경이고요. 조선 시대 말 우리나라에 온 외국인 선교사들이 이구동성으로 했던 말이 있습니다. 한국인들은 남의 일에 관심이 많고, 구경하는 걸 좋아한다고요. 그런 점에서 우리 국민은 좋은 관찰력을 갖고 있다고 생각합니다.

둘째, 목격입니다. 무엇을 목도한다고도 하죠. 목격의 대상은 주로 사건입니다. 우리는 본 것을 잘 기억합니다. 들은 것이나 읽은 것보다 더 기억에 남습니다. 그래서 공부할 때는 손으로 쓰고 그려서 눈으로 보는 게 효과적입니다.

셋째, 주목입니다. 신경을 곧추세워 자세히 들여다보는 거죠. 주시한다고도 합니다. 이런 주목은 사람에 따라 집중이 잘 되는 방식이 다릅니다. 어떤 사람은 시각적으로, 또 어떤 사람은 청각적으로, 또 다른 사람은 손을 움직이며 쓸 때 집중이 잘 되곤 합니다.

넷째, 답사입니다. 목적을 갖고 어딘가를 둘러보는 것입니다. 탐방이라고도 하는데, 견문을 넓히는 일입니다.

다섯째, 조사입니다. 탐색이라고도 합니다. 관찰은 탐색이나 탐구를 거쳐 연구로 나아갑니다. 연구가 공부지요.

여섯째, 관조입니다. 자신을 들여다보는 것입니다. 성찰이라고도 하지요.

일곱째, 통찰입니다. 관찰은 통찰로도 나아갑니다. 어떤 문제가 어떤 원인에 의해 일어났고, 그로 인해 어떤 결과를 낳았는지 시작과 끝, 전모를 파악하는 게 통찰이라면, 그 처음은 관찰이지요. 통찰력을 갖기 위해서는 관찰하는 사람이 되어야 합니다.

그렇다면 관찰하는 사람의 특징은 무엇일까요? 호기심이 많아 두리번거리고, 이것저것에 관심이 많고, 오지랖이 넓습니다. 언뜻 보면 집중력이 없고 주의가 산만해 보입니다. 관심 있는 것을 찾으면 무섭게 몰입합니다. 그러나 쉬 흥미를 잃고 또다시 새로운 것을 찾아 눈길을 돌립니다. 새로운 흐름이나 트렌드, 변화 추세에 민감합니다. 미래에 관해 예상, 추측, 상상하는 것도 좋아하지요.

글쓰기도 관찰을 잘하는 사람이 잘합니다. 아니, 그런 사람만이 잘 쓸 수 있습니다. 함께 영화를 봐도 혹은 동네 한 바퀴를 돌아도, 누군가를 같이 만나 봐도, 소감은 제각각입니다. 대상이 사람이건 사물이건 사건이건 말입니다. 소설가는 사람이나 사건을, 시인은 사물을 잘 관찰하는 사람이지요. 글은 유심히 봐야 잘 쓸 수 있습니다. 자세히 보아야 현상 뒤편에 있는 배경과 본질을 파악할 수 있고, 그렇게 된 이유와 원인을 알 수 있습니다. 앞으로 어떻게 될지 예측할 수 있으며, 자기만의 시선이나 시각을 가질 수 있습니다.

관찰력은 관심을 갖는 것에 비례합니다. 초등학교 5학년 때 담임 선생님이 자연에 관심이 많으셨습니다. 들꽃 전문가셨지요. 세상에 무수히 많은 들꽃이 있다는 걸 그 선생님을 통해 알았습니다. 그전에는 들꽃이란 존재 자체가 안중에 없었습니다. 내 눈에 보이지 않으니 세상에 없는 존재였죠. 선생님을 만나고 나서부터는 어디에 가나 들꽃 천지였습니다. 들꽃이 있다는 걸 안 후엔 들꽃 이름에 관심을 갖게 됐고, 이름을 알게 된

후부터는 언제 피는지, 어디에 피는지가 궁금했습니다. 나중에는 꽃이 피기를 기다리게 됐고, 좋아하는 꽃을 찾아다니게 되었지요. 내 안에 들꽃 세계라는 또 하나의 우주가 만들어졌습니다.

관찰력이 있으려면 한눈을 팔아야 합니다. 그러나 우리 사회는 지금까지 보란 데만 보는 사람이 성공했습니다. 학교 다닐 적에는 선생님에게 주목 잘하는 학생, 사회 나와서는 목표만 보고 돌진하는 사람이 출세합니다. 경주마처럼 옆을 가리고 앞만 보고 질주해야 합니다. 그렇지 않은 사람은 주의가 산만한 사람, 집중력과 목표 의식이 부족한 사람 취급받습니다. 수업 시간에 창밖을 내다볼 때마다 선생님이 분필을 던지셨지요. 그런 세월을 잘 견뎌 낸 사람들이 지금의 리더들입니다. 보라는 데를 보는 것과 보고 싶은 곳을 보는 것은 다릅니다. 선생님만 봤다는 건 그분의 생각만 좇는 것이었습니다.

관찰력은 남이 지나치는 것을 발견하고 포착하는 역량과 함께, 본 것을 파고들어 나만의 해석을 내리는 힘입니다. 하버드 대학교의 '하버드 글쓰기 프로그램'을 이끄는 낸시 소머스 교수는 『조선일보』와의 인터뷰에서 그랬습니다. "시험만 잘 보는 학생은 정해진 답을 찾는 데 급급하지만 글 잘 쓰는 학생은 새로운 문제를 찾아낸다."라고요. 수업 잘 듣고 시험 잘 쳐서 좋은 대학에 갈 수는 있지만, 그런 사람은 평생 학생의 입장을 벗어나기 어렵겠지요.

『생각의 탄생』로버트 루트번스타인 외, 에코의서재, 2007이란 책에는 창조성을 발휘하는 발상법 열세 가지가 나오는데, 그중 가장 먼저 나오는 게 관찰입니다. 그러면서 모든 지식은 관찰에서 시작한다고 말하지요. 우리가 무엇을 어떻게 주시해야 하는지 알아야 주의력을 집중시킬 수 있다고 합니다. 생각과 관찰은 떼려야 뗄 수 없는 관계라는 겁니다.

나는 깊게 들여다보는 사람도 아니고 멀리 내다보거나 넓게 보는 사람도 아닙니다. 그러니까 본질을 깨닫거나 예측하는데 서툽니다. 솔직히 내 안의 나를 잘 못 믿어요. 내 안에서 꺼낼 수 있는 게 그리 많지 않다고 생각합니다. 대신에 나는 사람을 봅니다. 사람을 보고 내 생각을 만듭니다. 함께 모여 회의할 때, 나는 할 말이 없어요. 그런데 누군가는 얘기를 하지요. 들어보면 별게 아니에요. 나도 저 정도는 할 수 있다는 생각이 들지요. 그래서 다음부터는 다른 사람을 보고 그 사람이 할 만한 얘기를 내가 먼저 하는 거죠. '저 사람이라면 무슨 얘기를 할까.' 떠올려 보고 생각나는 말을 하는 겁니다. 그런 훈련을 회사에서 계속하다 보니 나중에는 회장이나 대통령이 무슨 말을 할지 미리 생각해 보고, 그분들의 연설문을 쓸 수 있게 되더라고요.

카페나 포장마차에 가면 옆자리에서 애기하는 사람들에게 관심이 많습니다. 그들의 애기가 재밌고 궁금하지요. 아내랑 연애하던 시절에 옆자리 애기에 귀 기울이다가 여러 번 혼나기도 했지요. 해외 단체 여행을 가도 나는 관광지 풍광이나 유적보다 함께 온 사람들에 관심이 많습니다. 여행을 마치고 인천 공항에 돌아오면 함께 갔던 사람들이 뭐 하는 사람이고 어떤 관계인지를 대부분 알게 돼요. 같이 간 아내가 깜짝 놀라죠. 어떻게 그걸 아느냐고요. 같은 환경에 처해 있더라도 무엇에 관심을 갖느냐에 따라 관찰의 결과는 달라집니다.

나는 인터뷰 기사 보는 것을 좋아합니다. TV에서는 다큐멘터리도 재밌고요. 신문에 난 부음(訃音)도 자주 봅니다. 돌아가신 분이 나와 전혀 관계없지만, 그분이 무얼 하다 돌아가셨고 그분의 자녀는 무얼 하고 있는지 짧은 부음 기사에 다 나오거든요. 이것도 관찰의 일종인 엿보기입니다. 잠깐 시간을 내어 기사를 읽거나 다큐멘터리를 보면 수백, 수천 시간의 이야기를 접할 수 있지요. 얼마나 수지맞는 장사입니까? 50대 초반에는 출판사에 가서 그 세계를 볼 수 있었지요. 그전까지 출판사가 있다는 것도, 무얼 하는 곳인지도 안다고 생각했는데 직접 가서 보니까 아는 게 아니었어요. 새로운 세상이었죠.

●●

   우리는 살면서 이런 세상을 몇 개나 보고 갈까요. 서너 개 아니면 네댓 개에 불과하지 않을까요? 하지만 우리 주변에는 수천수만 개의 모르는 세상이 존재하지요. 하나라도 더 접하려면 관심을 갖고 관찰해야 하고요. 그렇게 세상 공부를 해야 하는 것이지요. ☺

Day 6
크로노스의 시간과
카이로스의 시간

시간 관리

　　미국 하버드 대학교 교육학과의 리처드 라이트 교수는 1986년부터 15년간 1,600명의 하버드대 학생을 대상으로 공부 성과가 좋은 학생과 그렇지 않은 학생을 가르는 요인이 무엇인지 연구했습니다. 결과는 시간이었습니다. 성과가 좋은 학생은 시간의 중요성과 시간 관리 방법을 알고 이를 실천하기 위해 노력했고, 성과가 안 좋은 학생은 시간을 함부로 대하고 낭비할 뿐 아니라 계획대로 실행하지 못했습니다.

　　공부는 시간을 먹고 자랍니다. 시간을 얼마나 많이 들이고 어떻게 활용하느냐에 공부의 성패가 달려 있습니다. 그래서 조기 교육을 말하고, 빠른 속도로 진도를 나아가고, 빡빡하게 시간 계획을 세웁니다. 공부하는 사람은 이기적이어야 합니다. 내 생각을 먼저 해야 공부하는 시간을 확보할 수 있기 때문입니다.

그러나 공부하는 목적은 이타적이어야 합니다. 그렇지 않으면 공부한 게 독이 될 수 있습니다. 그래서 공부가 쉽지 않습니다.

●●

시간과의 싸움에서 승리하려면 어떻게 해야 할까요?

첫 번째, 시간을 낭비하지 않아야 합니다. 공부는 못 하는 게 아니라 안 하는 것입니다. 무슨 얘기냐 하면, 공부를 못 하는 사람은 없다는 것입니다. 머리가 나빠서 혹은 공부할 시간이 없어서 공부를 못 한다는 말은 성립하지 않습니다. 그저 공부를 안 할 뿐입니다. 공부를 안 한다는 건 공부하는 데 시간을 들이지 않고, 다른 데 낭비한다는 뜻이지요. 시간을 허비하지 않기 위해서는 두 가지 노력이 필요합니다. 휴대 전화 등 방해물을 없애는 게 그 하나이고, 다른 하나는 자투리 시간을 잘 활용하는 것입니다.

고대 그리스인은 두 가지 시간 개념을 가지고 있었습니다. '크로노스 시간'과 '카이로스 시간'입니다. 크로노스는 우리가 아는 물리적 시간, 즉 시계를 통해 측정하는 객관적 시간입니다. 반면 카이로스는 주관적인 시간입니다. 같은 하루도 어떤 사람에게는 순간 같을 수 있고, 다른 사람에게는 몇 날 며칠 같을 수 있습니다. 어떤 사람에게는 시간이 쏜살같이 빨리 흐를 수 있고, 또 어떤 사람에겐 일일여삼추(一日如三秋, 하루가 삼 년 같다는 뜻) 같을 수 있지요.

우리에게 크로노스의 시간은 공평하게 주어져 있습니다. 하루 24시간은 누구에게나 똑같지요. 가정 형편이 좋은 사람도 그렇지 못한 사람도, 재능을 타고난 사람도 그렇지 못한 사람도 주어진 시간은 똑같습니다. 그런 점에서 시간은 공평합니다. 하지만 카이로스의 시간은 쓰는 사람에 따라 달라집니다. 똑같이 주어진 시간 가운데 공부하는 데 시간을 많이 할애하면 카이로스 시간을 늘려 쓸 수 있습니다. 아무리 머리가 좋고 환경이 좋아도 1시간 공부하는 사람이 2시간 공부하는 사람을 이길 수 없습니다. 공부는 시간에 비례합니다.

두 번째, 공부가 잘되는 시간에 공부합니다. 누구에게나 공부가 잘되는 시간이 있습니다. 새벽녘에 잘되는 사람도 있고, 심야에 잘되는 사람도 있습니다. 나 같은 경우에는 공부하지 않아도 되는 시간에 공부가 잘됐습니다. 공부해야 하는 시간, 남들 모두 공부하는 시간에는 공부하기 싫었습니다. 예를 들자면 시험 기간 같은 때입니다. 오히려 시험이 끝나고 남들 모두 놀 때 공부가 잘됩니다. 책상에 앉아 정색하고 공부해야 할 때보다는 차를 타고 이동할 때나 카페 같은 데서 노닥거릴 때, 다시 말해 공부 시간이 아닌 때에 공부가 더 잘됩니다. 그런 때에 오히려 공부하고 싶어집니다. 그래서 공부하지 않아도 되는 자투리 시간에, 틈틈이 공부합니다.

세 번째, 시험 보기 하루 전에 공부가 잘됩니다. 두 가지 이유입니다. 하나는 위기의식 때문입니다. 아무래도 시험 보기 하루 전날에 긴장감이 가장 고조됩니다. 시간이 얼마 남지 않았다는 절박감 때문에 절체절명의 위기감이 형성되는 것이지요. 시험 보기 하루 전날 집중력이 가장 좋습니다. 이런 현상을 '마감 효과'라고 하지요.

시험 보기 하루 전날 공부가 잘되는 또 하나의 이유는 생각은 후퇴하지 않기 때문입니다. 이게 무슨 소리냐면 나는 생각이 발전하면 했지, 퇴보하지는 않는다고 믿습니다. 어제 생각보다는 오늘 생각이, 오늘 생각보다는 내일의 생각이 더 나을 것이라고 확신합니다. 그러므로 시험 보기 하루 전날이 그 전날이나 그 전전날보다 무르익고 성숙해 있습니다.

그런 상태에서 앞서 얘기한 위기의식이 합세하면 공부가 잘될 수밖에 없는 것이지요. 원고나 기사 마감이 있는 작가나 기자가 몇 날 며칠 안 써지던 글을 마감 앞두고 단 몇 분 만에 뚝딱 써내는 것도 그런 이유 아닐까요?

네 번째 방법은 앞서 얘기한 하루 전날 하는 방식과 정반대로 하는 것입니다. 시험을 언제 본다는 발표가 나면 미루지 않고 즉시 공부하는 것입니다. 글 쓸 때 나는 두 가지를 지킵니다. '즉시 쓴다.', '써질 때까지 쓴다.' 이렇게 쓰면 백발백중이지요.

　　공부도 이렇게 하는 것입니다. 시험 날짜와 범위가 정해지면 곧장 달려들어 시험 범위 전체를 대강 훑어봅니다. 이때 전체 숲의 모양을 주마간산으로 봅니다. 처음부터 꼼꼼하게 보지 않고 수박 겉핥기식으로 죽 보는 것이지요. 다 이해할 필요도 없습니다. 암기할 필요는 더더욱 없습니다. 대신 전체 과목을 끝까지 봐야 합니다. 한 번 다 훑어봤다는 뿌듯함이 중요합니다. '지금 시험을 봐도 빵점은 맞진 않겠구나.' 하는 안도감이 필요합니다. 그러고 나서 여유 있게 공부합니다. 장거리 달리기를 할 때도 초반에 속도를 내서 남들보다 앞서 놓으면 달리는 내내 자기 페이스를 유지하면서 덜 힘들고 달릴 수 있는 것과 마찬가지입니다.

　　다섯 번째, 평소에 하는 것입니다. 시험 기간에도 세 부류의 친구들이 있지요. 수학 시간에는 영어 공부하고, 영어 시간에는 사회 공부하는 친구가 있습니다. 시험 기간에는 시험 범위를 벗어나 진도를 나가기 때문에 당장 시험을 잘 보기 위해서는 시험 범위 안에 있는 다른 과목을 공부하는 것이죠. 다음 시험에선 낭패를 보겠지만 발등에 떨어진 불부터 끄고 보자는 심산으로 그렇게 하는 것입니다. 다음 부류는 시험 범위는 아니지만 수업에 충실한 유형입니다. 선생님 말씀을 열심히 듣는 것이죠. 마지막 유형은 전교에 몇 명 안 되는 부류인데, 시험 기간에 구애받지 않고 『제인 에어』나 『젊은 베르테르의 슬픔』, 『오만과 편견』 같은 책을 읽지요. 그런데 이런 친구 중에 전교 1, 2등이 나오기도 합니다. 어찌 보면 미래의 시간을 준비하는 친구입니다. 그에 반해 수업 시간에 딴 공부 한 친구는 미래의 시간을 가져다 미리 써 버린 것이고요.

여섯 번째, 남의 시간을 쓰는 것입니다. 시간은 남에게 빌릴 수도, 돈 주고 살 수도 없다고 하는데, 그렇지 않습니다. 친구들과 함께 공부하면 효율적으로 시간을 쓸 수 있습니다. 같은 시간을 들여도 효과는 참여하는 수만큼 더 큽니다.

일곱 번째, 시간 안배를 잘하는 것입니다. 무조건 오래 한다고 능사가 아닙니다. 중요하고 급한 공부냐, 덜 중요하고 급하지 않은 공부냐에 따라 적정하게 시간을 배분해야 합니다. 미국의 34대 대통령 드와이트 D. 아이젠하워는 일을 크게 네 종류로 구분해 처리했다고 합니다. 긴급하고 중요한 일은 즉시 하고, 중요하지만 급하지 않은 일은 뒤로 미루고, 급하지만 중요하지 않은 일은 다른 사람에게 맡기며, 급하지도 중요하지도 않은 일은 안 한다는 원칙이었지요. 이는 '아이젠하워의 시간

관리 원칙'으로도 알려져 있어요. 이런 원칙은 공부에도 그대로 적용해 볼 수 있겠지요.

여덟 번째, 계획을 잘 세우는 것입니다. 장기, 중기, 단기로 구분해서 일정을 짜야 합니다. 일간, 주간, 월간 이렇게 짜고, 하루도 오전과 오후로 나눌 수 있겠지요. 공부는 순서도 중요한데요. 좋아하는 과목이나 쉬운 과목을 먼저 하고, 어렵고 싫은 과목은 뒤에 하는 게 좋겠지요.

아홉 번째, 규칙을 세웁니다. 잠은 하루 몇 시간 자고, SNS, 게임은 몇 시간 이상 하지 않고, 식사 시간에는 밥 먹는 데에만 집중하고, 공부 중에는 휴대 전화를 꺼 놓는 식으로 말입니다.

열 번째, 동시다발적으로 공부하는 것입니다. 멀티태스킹이라고 하죠? 여러 과목을 이것저것 동시에 진행하는 것입니다. 공부를 3시간 한다고 하면 국어 1시간, 영어 1시간, 수학 1시간 할 수도 있고, 30분 단위로 바꿔 가며 할 수도 있지요. 나는 후자를 택했습니다. 이렇게 하면 질리거나 지루하지 않은 공부가 되더군요. 그래서 하나에 오래 집중하기 어려운 사람에게 추천합니다.

열한 번째, 공부는 타이밍도 중요합니다. 시간은 저장해 뒀다 쓸 수 없습니다. 지나가면 가치를 잃습니다. 공부해야 할 때 공부해야 하는 것이죠. 또한 어쩌다 공부가 잘되는 시간이 있고 그렇지 않은 시간이 있습니다. 공부가 안될 때 해 보려고 애쓰지 마세요. 공부가 안되면 잠시 쉬거나 다른 걸 하세요. 글을 쓸 때도 마찬가지입니다. 나는 쓰다 막히면 뚫어 보려고 안간힘 쓰지 않습니다. 차라리 다른 일을 합니다. 그러다 다시 와서 쓰면 뚫리는 경우가 대부분입니다.

열두 번째, 오래 살아남아야 합니다. 그러면 서두르지 않아도 됩니다. '공부에도 때가 있다. 공부도 나이 먹으면 힘들다.'는 말을 단호하게 거부합니다. 나는 앞으로 남은 시간이 지금까지보다 더 밀도 있을 것 같습니다. 지금까지는 맨땅에서 여기까지 왔지만 앞으로는 지금까지의 경험 위에서 갈 수 있으니 그렇고, 지금까지보다 앞으로의 삶이 죽음에 더 가깝기 때문에 스스로 더 치열해질 것이기에 그렇습니다. 여러분에게는 아직 와닿지 않겠지만 나이가 들면 분명 공감하게 될 겁니다.

●●

오래 살기 위해서는 건강해야 합니다. 건강하지 않으면 오래 공부하기 어렵습니다. 공부하는 사람은 자고로 마르고 창백해야 한다는 식의 풍문이 예전에 있었습니다. 나이 들어 보니 헛소리입니다. 몸이 튼튼해야 공부합니다. 몸이 아프면 공부 의욕도, 공부를 위한 활력도 떨어집니다.

이제는 평생 공부해야 하는 시대입니다. 또 오래 사는 시대이기도 하지요. 오래 살기 때문에 변화하는 세상을 배우면서 늙어 가야 합니다. 그래서 나는 건강 관리를 위해 세 가지를 합니다.

첫 번째가 걷기입니다. 플라톤, 아리스토텔레스, 칸트, 베토벤, 정약용, 니체 할 것 없이 동서고금의 무수한 학자와 예술가들이 산책을 즐겼습니다. 그 가운데 철학자 이마누엘 칸트는 일정한 시간에 늘 같은 장소를 산책한 걸로 유명합니다. 뇌 과학자들이 밝힌 바에 따르면 앉아 있는 것보다 걸을 때 생각 회로가 활성화되고, 낯설고 복잡한 곳을 걷는 것보다 익숙한 곳을 걷는 게 더 효과적이라고 하죠.

두 번째는 충분한 수면입니다. 우리 뇌는 잠을 잘 때 기억을 정리합니다. 잠이 부족하면 기억력이 감퇴한다고 하지요. 무엇보다 우리 뇌에서 공부를 담당하는 부위는 대뇌 피질인데, 잠이 부족하면 이곳의 기능이 떨어집니다. 그렇게 되면 의지력이나 절제력도 떨어지게 되고, 식욕 같은 인간의 본능을 담당하는 변연계의 지배를 받게 되지요. 그러므로 낮잠도 자고 졸리면 잠깐잠깐 눈을 붙여야 합니다.

세 번째는 적당한 휴식입니다. 아무리 공부가 급해도 잠깐씩 쉬어야 잘됩니다. 쉬어 줘야 몸이 원기를 회복하고 더 잘 작동합니다.

◦◦

인간은 자신의 생존에 유리하게 작용하는 일에서 행복감을 느낀다고 합니다. 공부야말로 생존 확률을 높이는 가장 확실한 길이지요. 그러니 공부가 즐거운 것은 당연한 일일지도 모릅니다. 또한 인간은 호기심이 많습니다. 알고 싶어 하는 존재입니다. 그런 궁금증을 충족시켜 줄 수 있는 가장 좋은 방법이 공부 아닐까요? ☺

Day 7
공부는 끈기를 먹고 자란다

지구력

선한 일을 행하는 사람은 봄 동산의 풀과 같아서 자라는 것이 보이지 않을지라도 어느덧 자라나 있고, 악한 일을 행하는 사람은 칼 가는 숫돌과 같아서 닳아짐이 보이지는 않지만 나날이 닳고 있다.

—『명심보감』

공부가 그렇습니다. 매일매일 공부하면 실력과 인격이 부지불식간에 자라나고, 공부를 게을리하면 자기도 모르는 사이에 닳아 초라해집니다. 그래서 지구력이 필요합니다.

지구력은 그만두고 싶은 충동과 싸우면서 포기하거나 중단하지 않고 줄기차게 나아가는 힘을 말합니다. 지구력은 타고난 재능이 아닙니다. 노력과 훈련의 산물입니다. 따라서 재능이 없어도 지구력은 얼마든지 키울 수 있습니다. 이렇게 키워진 지구력은 부족한 재능을 보완하고 재능을 이깁니다. 또한 재능은 처음부터 발현되지 않습니다. 일정 기간을 필요로 합니다. 그 기간 동안의 지루함을 견뎌 내기 위해서도 지구력이 필요하지요. 재능이 있건 없건 결국은 지구력인 것이죠.

공부하기 위해서는 엉덩이를 붙이고 앉아 있어야 하죠. 앉아 있다 보면 언젠가 공부가 열매를 맺을 것이라는 희망을 가지고, 공부가 마무리됐을 때의 기쁨을 마음속으로 그리면서 자리에 앉아 있어야 합니다.

하지만 나는 이런 지구력이 부족했습니다. 공부하다 보면 시시때때로 벽에 부딪혔지요. 공부할 거리가 너무 많다고 느껴질 때도 그랬고, 공부가 더 이상 늘지 않는 것 같을 때도 그랬습니다. 특히 누군가에게 혹평을 받거나 결과가 좋지 않을 때 공부는 위기를 맞았습니다. 그만 공부하고 싶어졌지요. 그리고 상당 기간을 허송세월했습니다.

"원국이는 진득하지 못해서 탈이야."

할머니가 늘 하신 말씀입니다. 나는 끈기가 없었습니다. 금방 싫증을 내고 쉽게 포기했지요. 태권도, 주산, 웅변… 어느 것 하나 3개월을 넘기지 못했습니다. 그런 내가 끈질겨졌습니다. 10년 넘게 글쓰기 강의를 하고 있으니까요. 무슨 변화가 있었을까요?

무엇보다 '목적'이 분명해졌습니다. 월급 받으며 직장 다닐 때와는 상황이 달라졌습니다. 물러설 데도, 여기저기 기웃거릴 수도 없었지요. 이 길밖에 없다는 절박함이 있었습니다.

'재미'도 있습니다. 나는 원래 남 앞에서 말하는 걸 좋아했나 봅니다. 쉰 살 될 때까지 그 사실을 몰랐을 뿐이죠. 강의하기 위해 공부하는 것이 재미있습니다. 오래 살다 보니 공부가 재밌어지는 날이 오기도 합니다.

재밌는 일도 길이 들고 몸에 배면 시들해질 수 있습니다. 이골이 나고 권태로울 수 있지요. 나는 그런 염증을 이겨 내는 방법을 찾았습니다. 바로 '성장'입니다. 강의할 때마다 매번 새로운 말을 보태는 걸 목표로 합니다. 보태지는 내용만큼 하루하루 성장합니다.

나름 '의미'도 있습니다. 가장 큰 의미는 내가 일의 주인이라는 점입니다. 남의 일이 아니라 내 일을 하고 있습니다. 내가 끈질기게 해 나가면 시간이 지날수록 내 이름이 더 알려지고 강의 실력도 나아질 것입니다. 또 그런 결과가 다른 사람에게 누가 되거나 폐를 끼치지도 않습니다.

지구력을 키우기 위해 일상에서 소소한 '노력'도 기울입니다. 거의 매일 섭씨 50도가 넘는 습식 사우나에서 버티는 나만의 방법이 있습니다. 첫째, 사우나 안의 모래시계를 봅니다. 모래가 다 내려갈 때까지만 견디자고 마음먹습니다. 둘째, 비슷한 시간에 사우나에 들어온 사람을 봅니다. 이 사람보다는 오래 있자는 생각으로 버팁니다. 셋째, 기억을 떠올립니다. 어린 시절 한겨울에 몸서리치게 추웠던 기억 같은 것 말입니다. 넷째, 상상합니다. 목욕을 마치고 시원한 선풍기 앞에서 몸을 말리며 요구르트 하나 들이켜는 걸 상상합니다. 마지막으로 내 또래 몸 좋은 사람들과 내 뱃살을 비교해 보며 조금만 더 버티자고 마음을 다잡습니다.

물론 고비도 있었습니다. 2020년, 코로나19가 엄습해 반년 정도 강의를 손 놓고 있을 때는 이 일을 계속할 수 있을지 의문이 들기도 했습니다. 나는 그럴 때마다 참고 견디고 버텼습니다. 그리고 다시 시작했습니다. 이전 것을 모두 지우고 마음을 초기 상태로 만들었습니다. 처음부터 다시 시작한다는 마음으로 슬럼프를 극복했습니다.

●●

슬럼프는 어떤 일을 끈질기게 할 수 없도록 만드는 주범입니다. 슬럼프는 반드시 찾아오게 되어 있습니다. 찾아온 뒤에 대처하기보다는 사전에 예방하는 게 바람직합니다.

　부진과 침체를 예방하는 가장 좋은 방법은 완벽주의에서 벗어나는 것입니다. 남에게 완벽하게 보이려는 욕심뿐 아니라 스스로 완벽해야 한다는 강박에서 벗어나야 합니다. 벗어날 수 없으면 기대 수준이라도 낮춰야 합니다. 보폭을 좁혀야 하지요. 그래야 포기하지 않고 오래 할 수 있습니다. 지치지 않고 멀리 갈 수 있지요.

　슬럼프를 예방하는 또 하나의 길은 결과 중심이 아니라 과정 중심으로 바꾸는 것입니다. 성적을 걱정하거나 결과에 연연하지 않고 오늘 할 공부, 이번 주말까지 할 공부만 생각하며 또박또박해 나가는 것입니다. 공부하는 과정 자체가 공부라고 생각하는 거죠. 공부는 정직하더라고요. 과정에 충실하면 결과는 좋을 수밖에 없습니다.

　주변에 자신을 격려하고 성원하는 사람의 존재 여부도 중요합니다. 그런 응원군이 먼 길 가는 자신을 지치지 않게 합니다. 그 사람이 멘토일 수도, 롤 모델일 수도, 친구일 수도 있습니다. 그가 누구이건 나같이 의지박약한 사람에게는 이런 동반자가 필수적입니다.

　목표가 너무 원대해서도 지속하기 힘듭니다. 장기적인 목표는 단기로 세분화해야 합니다. 큰 목표 역시 작게 나눠야 하지요. 작고 짧게 계획을 세워 그것을 이루고, 그 성과에서 자신감을 얻어, 또 작고 짧은 계획을 세웁니다. 그래야 수시로 작은 성취를 맛볼 수 있습니다. 이렇게 그때그때 성과를 확인할 수 있어야 낙관과 긍정의 힘이 생깁니다. 그 일에 대한 확신 수준이 높아지고 곰처럼 우직하게 나아갈 수 있습니다.

지금 어디쯤 가고 있는지 계량화할 필요도 있습니다. 중간 중간 시험을 보는 일은 그래서 중요합니다. 다이어트를 해 본 사람은 알 것입니다. 정기적으로 체지방 지수 등을 측정하고 수치를 확인하는 일이 얼마나 중요한지 말입니다. 계측 결과 지방이 줄고 근육이 늘어나면 체중 관리에 보람을 느끼며 더욱 정진하게 되고, 반대로 지방이 늘고 근육이 줄어들면 경각심을 갖고 감량을 위해 힘쓰게 됩니다.

미국에서 가장 우수한 고등학교란 명성을 얻고 있는 자율형 공립 학교 서밋 퍼블릭 스쿨은 '스마트'한 목표를 세울 것을 제안합니다. 스마트(SMART)한 목표란 구체적이고(Specific), 측정 가능하며(Measurable), 실행 가능하고(Actionable), 현실적이면서(Realistic), 제한 시간이 있는(Time bound) 목표를 말합니다. 휴일 하루 공부 목표를 세울 때 오전 9시부터 11시까지, 오후 3시부터 6시까지 국어 무슨 단원과 사회 몇 쪽에서 몇 쪽까지 읽겠다고 계획하는 거죠. 이때 다 읽었는지 여부는 스스로 평가할 수 있고, 그 정도 분량은 마음먹기에 따라 충분히 소화할 수 있는 양이어야겠지요.

단, 방법은 언제든 수정할 수 있어야 합니다. 나는 계획은 세우되 그것에 얽매이거나 연연하지 않습니다. 모든 건 계획대로 되지 않기 때문입니다. 큰 틀에서 계획은 하되 그때그때 상황에 따라 유연하게 대응합니다. 그래야 계획의 노예가 되지 않고 내 시간의 주인이 될 수 있습니다. 나는 에너지가 소진되었다고 생각할 때 채워 넣습니다. 정체기라는 느낌이 오면 몇 가지 방식으로 심기일전합니다. 오래 앉아 버티는 것이 아니라 자주 앉는 것을 목표로 다시 시작하거나, 초심으로 돌아가 다시 시작하거나, 작심삼일을 반복하자고 마음먹습니다. 사흘에 한 번씩 스스로 평가하고 피드백하면서 계획을 수정하는 거죠.

장면 전환도 자주 쓰는 방법입니다. 슬럼프가 왔을 때 극복해 보겠다고 그것에 매달리면 더 깊이 빠져듭니다. 이때 장면을 전환하는 게 좋습니다. 예를 들면 공부하다가 안 되면 논다든가, 국어 공부를 하다가 안 되면 사회 공부를 하는 거죠. 이런 장면 전환보다 더 크게 국면 전환을 할 수도 있습니다. 서울에서 재수 생활을 하면서 공부를 게을리했습니다. 서울 생활이 신기하고 재밌었습니다. 종로에 나가고 신촌에 가면 별천지였지요. 그러다 시험을 두 달여 앞둔 시점에 다시 고향 전주로 내려갔습니다. 국면 전환을 한 것이죠. 서울에서 안 하던 공부를 전주에 가서는 죽어라 했습니다. 국면 전환에 성공한 셈이죠. 그때 전주에 내려가지 않았더라면 대학은 영영 물 건너가고 말았을 것입니다.

의지만으로는 지속할 수 없습니다. 지속할 수 있는 환경이 중요합니다. 당장 성과를 내야 하는 일, 빠른 결과를 요구하는 분위기에서는 끈기를 발휘하기 어렵습니다. 자신의 마음가짐도 과하게 열의를 불태우는 걸 경계해야 합니다. 뭐든 과하거나 치우치면 독이 되지요. 차분하고 냉정해질 필요가 있습니다. 열정은 식게 마련입니다. 잠깐 열중할 순 있어도 오랫동안 집중하긴 어렵습니다. 야단스럽지 않게 무심하게 가야 합니다. 글도 반응이 없는 것을 견디는 은근한 인내와, 그럼에도 지속하는 끈기가 있어야 오래 쓸 수 있습니다. 그래서 끈기는 '은근'이란 말과 쌍으로 붙어 다니지 않나 싶습니다. 은근함과 끈기야말로 학창 시절에 키워야 할 중요한 자질 중 하나입니다.

끝으로 체력도 필요합니다. 지구력과 집중력은 체력에서 나옵니다. 몸이 튼튼해야 마음도 건강한 법이지요. 2014년 스페인 마드리드 대학교 연구팀이 『소아 과학 저널』에 발표한 연구 결과도 이를 뒷받침합니다. 연구팀은 6~18세 어린이와 청소년 2,000명을 대상으로 운동 능력과 학습 성과의 연관성을 연구했습니다. 그 결과, 운동 능력이 학습 성과에 영향을 미치는 것으로 나타났습니다. 운동 능력이 좋은 학생은 학습 성과가 좋았지만, 운동 능력이 좋지 않은 학생은 학습 성과도 부진했습니다. 체력이 좋은 학생이 그렇지 않은 학생보다 지구력이 좋았고, 좋은 지구력은 학습 성과를 내는 주요 요인이었다고 합니다. 퇴계 이황 선생도 자신에게 배우러 온 사람들의 운동 능력을 시험하기 위해 투호를 시켰다고 합니다. 이 시험을 통과한 사람만 제자로 받았다고 하니, 공부하는 사람에게 체력과 집중력이 얼마나 중요한지 짐작할 수 있는 대목입니다.

●●

인류만큼 먼 거리를 꾸준히 달릴 수 있는 동물은 드물다고 합니다. 빠르지도 힘이 세지도 않은 인류가 지구를 지배하게 된 이유 중 하나입니다. 실제로 내가 무언가를 꾸준히 해 보니 얻는 게 한둘이 아닙니다. 우선 그 일에 정통해집니다. 연륜도 쌓입니다. 또 오래 하다 보면 우연히 얻어걸리는 행운도 맛보게 됩니다. 그뿐 아니라 그 분야 사람들과 교류가 쌓이고 네트워크도 만들어집니다. 포기하지 않는 게 중요합니다. 지속하는 것 자체가 성공입니다. 계속하는 사람이 가장 무섭습니다. ☺

Weekly Note 1
공부할 마음 다지기

1 나의 내면을 지켜 줄 세 가지 마음

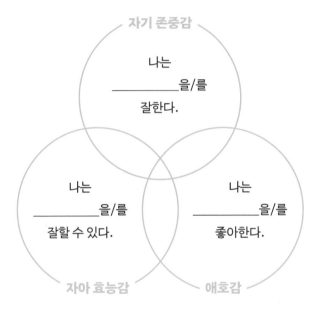

자기 존중감

나는
_____을/를
잘한다.

나는
_____을/를
잘할 수 있다.

나는
_____을/를
좋아한다.

자아 효능감

애호감

2 지구력은 키우고 슬럼프는 예방할 나의 방법

Day 8
더 이상 의지에 속지 말자

습관 형성

인간이 하는 행동의 99퍼센트가 습관에서 나온다.

— 윌리엄 제임스(19세기 미국 철학자)

우리 삶은 습관의 연속입니다. 습관적으로 먹고 일하고 자는 것이죠. 그러니 습관을 바꾸면 삶이 바뀐다는 말도 일리가 없진 않습니다.

나는 강의하러 갈 때마다 습관적으로 하는 일이 있습니다. 강의하는 장소 근처의 카페에 가는 것입니다. 강의 시간보다 1시간 정도 일찍 가서 그날 강의할 새로운 내용 한두 가지를 찾습니다. 공부하는 시간이지요. 이 시간이 그렇게 행복할 수 없습니다. 배움과 습관이 함께하는 시간이지요. 그렇게 찾은 내용을 강의 듣는 사람들에게 말할 때 또 한 번의 기쁨을 누립니다.

누군가에게 보탬이 되고, 그럼으로써 인정받는 기쁨이지요.

첫 책 『대통령의 글쓰기』를 쓸 때도 글쓰기 전에 한 일이 있었습니다. 아침에 일어나면 산책을 하고, 돌아오는 길에 아메리카노를 마셨습니다. 그리고 집에 와서 샤워한 후 글을 썼습니다. 그런데 20여 일간 글이 써지지 않았습니다. 책을 쓰겠다고 출판사를 두 달간 휴직하고 집에 들어앉았는데 절반 가까운 시간을 허비한 셈입니다.

20여 일 되는 어느 날, 아메리카노를 마시는데 그날따라 집에 빨리 가고 싶은 겁니다. 발걸음을 재촉해 집에 가서 샤워를 하는데 쓸 거리가 막 떠오르는 거예요. 잊어버릴까 봐 외우면서 머리를 감았습니다. 그리고 그날부터 글이 써지기 시작했어요. 불과 40여 일 만에 책 한 권을 다 썼습니다. 그때는 그게 습관의 힘인 줄 몰랐습니다. 나중에 정신 건강 의학과 의사인 친구에게 들으니 습관이 만들어져서 쓴 거라더군요.

우리 뇌는 공부하거나 글 쓰는 걸 싫어합니다. 계속 안 하려고 저항합니다. 그러면 어떻게 해야 하느냐, 뇌를 계속 괴롭혀야 합니다. 나는 하루에 세 번씩 괴롭힌 거죠. 산책할 때 '나 쓸 거다.' 엄포를 놓고, 아메리카노 마시면서 '나 진짜 쓴다.' 다짐하고, 세 번째 샤워를 하면서 다시 한번 글 쓸 거라는 걸 확인시켜 주는 거죠. 그러고 나서 진짜 쓰는 거예요. 그러니 뇌도 처음에는 '그런가 보다.' 했는데, 다음 날 또 그러고 계속 그렇게 20여 일 쌓이니까 자기도 괴로운 거예요. 버티는 게 힘든 겁니다. '도대체 언제까지 이래야 되는 거야? 기약이 없잖아? 끝까지 이럴 것 같은데?' 이런 생각을 하게 되죠. 그러면 '차라리 쓰는 게 낫겠다. 그냥 쓰고 말자.' 이런 상태에 이르게 됩니다.

공부도 마찬가지입니다. 의지로 안 됩니다. 습관으로 해야 합니다. 자동차나 TV 만드는 공장에 가면 생산 라인이 있고, 거기서 제품이 만들어집니다. 자동화된 생산 라인에서 컨베이어 벨트를 따라 부품이 하나씩 보태져 완제품이 나오지요. 나는 습관이 이런 컨베이어 벨트라고 생각합니다. 습관이란 컨베이어 벨트 위에 자신을 올려놓으면 공부가 절로 되는 것이지요.

나는 20여 일 만에 그런 상태에 이르렀지만, 보통 습관이 드는 데는 두 달 정도 걸린다고 합니다. 그때까지는 저항하는 뇌였다가 습관을 들이면 도와주는 뇌로 바뀌는 것이죠. 그러면 오히려 쓰는 걸 도와주더라고요. 머릿속에 있는 걸 끄집어내서 '이거 한번 써 봐. 저건 어때?' 빨리 끝내고 싶어서 안달이 납니다. 그래서 그날부터는 일사천리로 써진 것이지요. 쓰고 나면 막걸리를 한 잔씩 했습니다. 나는 힘들어서 마신 건데 나중에 들으니 그렇게 '보상'을 해 주면 습관이 더 잘 든다고 하더군요.

『뉴욕 타임스』 기자인 찰스 두히그는 『습관의 힘』갤리온, 2012

이란 책에서 이렇게 말합니다.

"습관은 무의식적이고 반복적으로 하는 행동이나 사고를 의미한다. 자동차를 운전하고, 휴대 전화를 들여다보고, 이메일을 체크하고, 커피를 마시는 것 같은 많은 일상적 행위들은 우리가 의식적으로 선택하는 행동이 아니라 습관의 산물이다. 습관이 있기 때문에 우리의 뇌는 에너지를 절약할 수 있고 좀 더 생산적인 일에 머리를 쓸 수 있게 된다."

『강원국의 글쓰기』메디치미디어. 2018란 책을 쓸 때는 아예 습관을 활용해서 썼습니다. 습관을 들이기 위해 산책과 아메리카노 마시기 같은 의식이 필요하다는 걸 알았으므로, 이번에는 어떤 의식을 치를까 생각했지요. 그래서 간 곳이 카페입니다. 카페에 가는 것 자체가 하나의 의식이 되었습니다. 카페에 가서 커피를 시키고 내 자리에 와서 안경을 닦았습니다. 평소에는 안경을 안 쓰는데 글 쓸 때는 썼어요. 글 쓸 마음의 준비가 될 때까지, 뇌가 그런 신호를 보내 줄 때까지 안경을 닦았어요. 그러면 내가 느낍니다. 글 쓸 준비가 됐다는 걸 스멀스멀 느낍니다. 목 밑까지 그런 기분이 차올랐을 때 안경을 끼고 노트북을 엽니다. 그러면 써졌지요.

많은 작가들이 이런 의식을 치른다고 합니다. 어느 외국 작가는 옷을 다 벗고 쓴다고 하고 욕조에 들어가야 글이 써지는 작가도 있다고 해요. 이런 걸 작가들의 괴벽(괴이한 버릇)이라고 하는데, 글을 쓰기 위한 안간힘인 것이지요. 글쓰기를 습관화하기 위해서 자기만의 의식을 치르는 겁니다.

　습관이 들었을 때도 의식은 계속되어야 합니다. 습관이 들어도 여전히 뇌는 글을 쓰려고 하면 도망가거든요. 핑계를 대요. '오늘 힘들잖아. 내일 해도 되잖아.' 하고요. 그러므로 의식을 치르며 행동으로 유인해야 합니다. 한발 한발 들여놓게 만들어야 합니다. 그러면 저항을 최소화할 수 있습니다.

●●

　공부하기 싫습니다. 그런데 공부를 안 할 때 마음이 편하던가요? 심란하죠. 불안하고요. 그런 걱정이 목에 차면 책상에 앉죠. 그러면 갑자기 마음이 편안해진 경험이 있을 겁니다. 공부를 안 해서 겪게 되는 불안함과 공부할 때 느끼는 힘듦의 무게를 견주어 봐서 공부하는 게 차라리 덜 괴롭겠다고 생각이 들면 공부하게 됩니다. 가만히 있어도 이런 원리로 공부하게 되지만, 그래서는 공부하는 시간을 많이 확보할 수 없고, 무엇보다 내가 공부에 끌려가는 꼴이 되지요. 내가 공부를 끌고 가기 위해서는 습관을 들여야 합니다. 습관을 들이는 방법은 공부하기 전에 나만의 의식을 치르는 것이죠. 이런 의식을 '루틴'이라고 합니다. 루틴은 어렵지 않은 일, 하고 싶은 것일수록 좋습니다. 그리고 이렇게 3단계로 하면 되지요.

먼저 루틴으로 공부할 것이라는 신호를 보내 줍니다. 그런 후 실제로 공부를 합니다. 처음부터 되지 않습니다. 처음에는 신호의 의미를 잘 모르기 때문입니다. 신호인 루틴과 공부가 연결되어 있다는 걸 알아차릴 때까지 반복해야 합니다. 그래야 뇌에 각인됩니다.

루틴은 싫은 일을 하게 만드는 효과도 있지만, 두려움과 불안을 낮춰 주는 힘도 있습니다. 심리학에서 '체계적 둔감법', '단계적 둔감법'이라 불리는데요, 미리 예고해 주면서 단계별로 조금씩 들어가면 낯선 데서 오는 불안감과 두려움이 익숙함으로 변한다는 것이죠. 루틴을 행사하는 것으로 말입니다.

운동선수들도 루틴으로 예열 작업을 합니다. 시합 전에 예행연습을 철저히 하고, 시합 당일에는 루틴을 행사합니다. 박태환 수영 선수는 경기 시작 전에 음악을 듣고 가슴에 물을 적십니다. 축구나 농구 선수들도 페널티 킥이나 자유투를 하기 전에 공을 어루만지거나 튕겨 보는 등 자신만의 루틴이 있습니다. 타석에 들어선 야구 선수도 마찬가지고요. 이렇게 예고해 줌으로써 실패에 대한 두려움을 낮추는 거죠. 뇌는 두려우면 하기 싫고, 하기 싫으면 실수합니다. 잘할 수 없지요.

루틴의 일종인 '유도 행동'을 활용해 보는 것도 좋습니다. 나는 학교에 갔다 와서 저녁밥을 먹고 나면 식곤증이 밀려와 나도 모르게 잠이 들었고, 깨어나면 아침이 되어 늘 자책하는 마음으로 학교에 가곤 했습니다. 그러던 어느 날 저녁 식사 후 꼭 보고 싶던 TV 프로그램이 있어서 자지 않고 그걸 본 후 공부하고 잠자리에 들었습니다. 그날 이후부터는 저녁밥을 먹은 후 30분 정도 분량의 TV 프로그램을 봤지요. 프로그램이 끝나면 공부를 했고요. 30분짜리 프로그램 시청이 유도 행동이 되어 밥만 먹으면 자는 습관을 바꿀 수 있었습니다. 공부하기 전에 책상을 정리하거나, 노트에 공부할 내용을 써 볼 수도 있겠지요.

뇌는 다루기 나름입니다. 습관을 만드는 일은 어렵지 않습니다. 공부를 시작하기 전에 자기만의 루틴을 가져 보세요. 그것으로 뇌를 공부 모드로 유인할 수 있습니다. ☺

Day 9
노력하는 사람이
대접받는 세상

노력과 성실

Q. 당신은 어느 때 가장 흡족한가요?

❶ 공부를 게을리했는데, 시험을 잘 봤다.

❷ 공부를 열심히 했는데, 시험을 못 봤다.

❸ 공부를 열심히 했고, 시험도 잘 봤다.

❹ 공부를 게을리해서, 시험을 못 봤다.

문제의 답은 1번 아닌가요? 가장 기분 나쁜 경우는 2번이

겠지요. 그런데 1번, 2번 모두 노력에 상응하지 않은 결과라는

점에서 바람직하진 않습니다. 1번이 계속될 경우 노력이 의미

없어 보일 것이고, 2번이 거듭되면 좌절하기 십상이지요. 1번,

2번은 한두 번은 일어날 수 있지만, 지속 가능하지도 않지요.

바람직한 경우는 3번과 4번입니다. 노력에 비례한 결과가 나오는 경우죠. 노력은 배신하지 않으니까요.

●●

　학교 다닐 적 친구들 앞에선 공부하지 않았습니다. 몰래 했습니다. 왜 그랬느냐고요? 가장 큰 이유는 공부하지 않고도 시험 잘 보는 친구로 보이고 싶어서였습니다. 저렇게 열심히 해서 공부 못할 사람이 있겠느냐는 소리를 듣기 싫었습니다. 혹은 저렇게 하고도 성적이 그것밖에 안 되냐는 말을 들을까 두려웠죠. 머리가 좋은 아이가 되고 싶었던 것입니다. 부모님들도 자주 이렇게 말하잖아요.

　"우리 아이는 머리는 좋은데 노력을 안 해서 성적이 안 나온다."

　친구들을 방심하게 만들려는 의도도 없진 않았습니다. "어제 TV 보느라 공부 하나도 못 했어." 하면 친구들이 마음을 놓을 테고, 그 해이해진 틈을 이용하려 했던 것이죠. 조금 심했나요? 그렇다면 이렇게 변명해 보죠. 질투받기 싫었다고요. 내가 열심히 노력하면 대견하고 뿌듯하기 그지없지만, 남이 그리하면 왠지 독하다는 생각이 들지 않던가요? 마음의 적을 만들지 않으려는 노력이었다고 봐주면 고맙겠네요.

고등학교 1, 2학년 때 네 명의 친한 벗이 있었습니다. 시험 기간이 되면 그중 한 친구 집에 모여 공부했습니다. 그런데 그 친구가 할머니와 한방을 썼기 때문에 시험 기간 일주일가량은 우리 친구 넷에 할머니까지 다섯 명이 동거했습니다. 늦은 밤 친구들이 다 자고 나 혼자 공부하고 있을 때 할머니가 나무라셨습니다. 우리 손주 자는데 왜 불을 켜 놓느냐고요. 친구 깨워서 함께 공부해야지, 왜 너만 하느냐는 말씀이셨죠. 그래도 나는 할머니가 주무시면 다시 공부했습니다. 머리보다는 엉덩이로 승부하는 사람이었으니까요.

기업인 세계도 마찬가집니다. 기업에서 회장 세 분의 비서실에서 일한 경험으로 말하자면, 기업인도 두 부류로 나뉩니다. 하나는 물려받은 기업인이고 다른 하나는 자수성가한 기업인입니다. 내가 느낀 바로는 물려받은 기업인은 자수성가한 기업인을 무시합니다. "언제부터 자기가 잘살았다고.", "돈벼락을 맞아서 말이야." 하며 업신여기고 자기들 세계에 끼워 주려 하지 않습니다. 그들만의 리그가 분명 있습니다. 피눈물 나는 노력을 인정해 주지 않지요. 물려받은 주제에 말입니다.

자수성가한 기업인도 두 부류로 나뉩니다. 맨주먹으로 시작해 온갖 시련을 이겨 내고 천신만고 끝에 기업을 이룬 사람과, 세상을 읽는 통찰력과 아이디어로 단박에 성공 신화를 만든 사람. 이 역시 후자가 더 세간의 주목을 받습니다. 이제는 천신만고형이 나올 확률도, 또 나온다고 하더라도 한계를 가질 수밖에 없는 형편이지만요.

정치권도 마찬가집니다. 좋은 집안에서 태어났거나 혹은 특정 지역에서 태어났다는 것만으로, 또는 젊었을 때 고시 한 번 합격한 이력으로 그것이 신분이 되어 평생 떵떵거리며 정치하는 사람이 있습니다. 그런 사람일수록 아등바등 그 자리까지 올라온 사람을 우습게 압니다. '금수저'를 물고 태어났거나 '소년 급제'한 이들은 애쓰면서 올라온 사람들에게 이기적이라거나 악착같다는 낙인을 찍기도 합니다. 또 보이지 않는 유리 천장을 씌우기도 하고, 더 이상 올라오지 못하도록 사다리를 걷어차 버리기도 하지요.

오죽하면 '노력충'이란 말이 나오겠습니까. 이 말은 노력을 강조하는 기성세대를 비꼬는 신조어지만, '노오력'만으로는 삶의 조건을 개선할 수 없다는 자조를 담고 있기도 합니다. 젊은 세대는 이미 알고 있는 것입니다. 노력이 통하지 않는다는 것을요.

직장을 떠나 책 쓰고 살면서 또다시 느낍니다. 세상에는 처음부터 재능을 타고난 사람이 있다는 사실 말입니다. 아무리 노력해도 따라갈 수 없는 경지가 있더라고요. 기업 회장실이나 청와대에서 함께 글을 썼던 사람 가운데는 특히 그런 '넘사벽'들이 많았습니다.

●●

나는 부족한 재능을 시간으로 때웠습니다. 쓰는 것은 재능이 필요하지만, 고치는 건 노력으로 가능하거든요. 『노인과 바다』를 쓴 소설가 어니스트 헤밍웨이도 그랬다고 하지요.

"나의 초고는 끔찍한 수준이다. 나는 늘 글쓰기가 어려웠고 때로는 불가능해 보였다. 하지만 수십 번, 수백 번 고쳤다."

내가 모셨던 분들의 공통점 중 하나는 성실하다는 것입니다. 하나같이 노력파입니다. 김대중 대통령은 이렇게 말했습니다.

"정치에 발을 들여놓은 이래 헤아릴 수 없이 많은 연설을 했다. 한때는 정치가 곧 연설이라는 생각이 들었다. 그래서 혼신의 힘을 다해 원고를 작성했다. (중략) 연설문을 작성하는 것은 일종의 공부였고 현안에 대한 나의 입장을 정리하는 기회이기도 했다. (중략) 나는 내 연설문을 역사에 남긴다는 생각으로 썼다. 그래서 늘 진지했다." 『김대중 자서전 2』, 삼인, 2010

　　김우중 대우 그룹 회장 역시 "시간은 아끼되 땀과 노력은 아끼지 않는다."라는 말을 입에 달고 살았습니다.

　　게으른 베짱이보다는 부지런한 개미가 더 행복한 세상이 되었으면 좋겠습니다. 타고난 사람보다 노력하는 사람이 더 대접받는 세상이 되어야 합니다. 재능이 신분이 되고 기득권이 자격이 되는 것에 반대합니다. "대학도 안 나온 놈이 어딜 감히?", "어디 근본도 없는 녀석이 넘볼 걸 넘봐야지."라고 말하는, 노력이 폄훼당하고 조롱당하는 세상은 희망이 없습니다. 진보와 진화는 노력에서 비롯됩니다. 노력하지 않았는데 좋은 결과를 내는 사람보다는 노력했는데도 결과가 좋지 않은 사람을 응원하고, 그들에게 재도전과 역전의 기회를 주는 사회가 되어야 합니다.

　　"뱁새가 황새 쫓다가 가랑이 찢어진다."라는 속담은 참 불순한 말입니다. 한계를 인정하고 분수에 맞게 살라고요? 송충이는 솔잎만 먹고 살아야 한다고요? 오르지 못할 나무는 쳐다보지도 말라고요? 황새로 태어나지 못한 게 내 잘못인가요? 다리 짧은 뱁새는 평생 황새를 부러워만 하며 살아야 하나요?

　　싫습니다. 종종걸음이라도 쫓아가 볼래요. 가랑이가 찢어지는 한이 있더라도 말이죠. ☺

Day 10
나는 똑똑한 사람일까, 좋은 사람일까?

성품

중학교 도덕 시간에 배운 내용 중에 아직도 기억나는 게 있습니다. 세상에는 '난사람', '든사람', '된사람'이 있는데 출세하거나 유명해진 난사람보다는, 머릿속에 든 게 많고 똑똑한 든사람보다는, 됨됨이가 훌륭한 된사람이 되어야 한다는 내용이었습니다. 우리 사회에 더 필요하고 남에게 보탬이 되는 사람은 난사람, 든사람이 아니라 된사람이라는 것이었죠.

흔히들 똑소리 난다고 하죠? 나는 살아오면서 그런 소리를 듣지 못했습니다. 말투가 어눌할 뿐 아니라 순발력도 없어서겠지요. 머리도 좋은 편이 아닙니다. 그런데 '똑똑하다'는 의미는 무엇일까 의문이 듭니다. 국어사전을 찾아보니 "사리에 밝고 총명하다."라고 되어 있네요. 나는 이에 더해 '분별력 있는 것'이라고 생각합니다. 옳은 것과 그른 것, 아름다운 것과 추한 것, 해야 할 일과 하지 말아야 할 일을 구분하고 판단할 수 있는 힘이 똑똑함 아닐까 싶습니다. 한자어로 하면 '현명(賢明)'이라고 해야겠지요. 지혜가 있다고도 하고요.

　교육은 모름지기 이런 사람을 길러 내는 과정이어야 하지 않을까 싶네요. 과연 학교는 이런 사람을 키워 내고 있는지, 혹여 아는 것은 많은데 판단을 제대로 하지 못하는 '헛똑똑이'를 길러 내고 있는 건 아닌지 생각해 보게 됩니다.

　똑똑하기 위해서는 어떤 역량을 갖춰야 할까요? 우선 지식과 정보에 어둡지 않아야 합니다. 그러기 위해 공부해야 합니다. 독서하고 학습해야 합니다. '맨땅에 헤딩'은 힘만 들고 머리만 아픕니다. 책 읽고 강의 듣는 것만이 능사는 아닙니다. 견문을 넓힐 필요가 있습니다. 보고 들은 게 많아야 하지요. 남의 것을 보고 듣는 것만으로는 한계가 있습니다. 스스로 겪어 봐야죠. 경험해야 합니다. 그래야 지식과 정보가 자신의 것이 됩니다.

　바야흐로 스토리텔링(Storytelling) 시대입니다. 사람들은 이야기를 좋아합니다. 이야기는 경험의 언어입니다. 그런데 우리 사회에서는 경험 위에 지식이 있습니다. 손발보다는 가슴으로, 가슴보다는 머리로 쓴 글을 더 쳐줍니다.

공부는 머리에서 가슴으로 가는 애정과 공감입니다. 우리에게는 또 하나의 먼 여행이 남아 있습니다. '가슴에서 발까지의 여행'입니다. 발은 우리가 발 딛고 있는 삶의 현장을 뜻합니다. 애정과 공감을 우리 삶 속에서 실현하는 것입니다. 공부는 세계 인식과 인간에 대한 성찰로 끝나는 것이 아닙니다. 삶이 공부이고 공부가 삶이라고 하는 까닭은 그것이 실천이고 변화이기 때문입니다. 공부는 세계를 변화시키고 자기를 변화시키는 것입니다. 공부는 '머리'가 아니라 '가슴'으로 하는 것이며, '가슴에서 끝나는 여행'이 아니라 '가슴에서 발까지의 여행'입니다.

— 신영복, 『담론』, 돌베개, 2015

공부는 먼저 머리로 합니다. 지식을 쌓고 정보를 받아들이고 논리를 세우죠. 이렇게 이성으로 합니다. 그다음에 가슴으로 합니다. 마음으로 느끼고 깨닫습니다. 스스로를 성찰하고 반성합니다. 하지만 여기서 그치면 안 됩니다. 신영복 선생 말씀대로 손발로 실천해야 하지요. 자기만 좋은 사람이 되는 게 아니고, 좋은 세상을 만드는 게 공부의 의미이고 목적이니까요.

　어려운 시험을 통과하고 높은 자리에 오른 사람, 돈을 많이 벌어 능력자라는 소리를 듣는 사람 가운데 사리에 맞지 않게 행동하고 비상식적인 말을 내뱉는 것을 종종 봅니다. 사고방식이라고 하죠? 어떤 문제에 대하여 생각하는 방식에 문제가 있는 것이고, 자신을 향한 사색, 즉 성찰이 없는 것입니다. 세상을 향한 사유의 창을 닫고 사는 것이기도 하고요. 똑똑한 사람이라고 할 수 없습니다.

●●

　그런데 이쯤에서 또 한 가지 의문이 듭니다. 굳이 똑똑해야 할까요? 똑똑한 사람으로 가득 차면 우리 사회가 보다 나아질까요? 사람들이 행복하기 위해서는 똑똑한 사람보다 좋은 사람이 필요하지 않을까요? 그렇다면 어떤 사람이 좋은 사람일까요?

　좋은 사람은 친절하고 착한 사람입니다. 어렵고 힘든 사람을 보면 측은지심이 발동하는 사람, 공동체의 지속과 발전에 관심을 기울이는 사람, 불의를 보면 분노하는 사람, 불합리한 것을 개선하는 일에 앞장서는 사람 들이지요. 당장에 똑똑한 사람이 되는 건 쉽지 않지만 좋은 사람은 마음만 고쳐먹으면 곧바로 될 수 있습니다.

나는 집에서 재활용 쓰레기를 분리할 때 아내에게 자주 혼났습니다. 우유 팩을 씻지 않고 버리거나 음료수 병 딱지를 떼지 않고, 비닐 포장에 붙은 라벨 종이를 붙인 채 버리면 불벼락을 맞습니다. 당신이 안 떼면 이걸 누구보고 하라는 거냐고, 도대체 왜 환경을 생각하지 않느냐고 한 소리 들었습니다. 아내 덕분에 이제는 습관이 잘 들었습니다.

무슨 일인지 세상은 좋은 사람, 즉 된사람보다는 똑똑한 사람, 다시 말해 난사람과 든사람을 더 인정해 줍니다. 출세하기 위해서는 좋은 사람일 필요는 없는 것이죠. 좋은 사람이어서 도리어 출세에 지장을 받는 경우까지 있습니다. 그런 사람에게 우리는 이렇게 말합니다.

"쯧쯧. 사람이 좀 약게 살아도 될 텐데…."

지금 우리 사회가 안고 있는 많은 문제는 바로 좋은 사람을 인정하지 않고 대접하지 않는 데서 비롯하지 않았을까요? 살아 보니 능력도 필요하지만 좋은 인성, 즉 됨됨이가 더 중요하더군요. 김대중 대통령도 그랬습니다. '행동하는 양심'이 되라고요.

"우리의 마음속에는 남을 나와 똑같이 사랑하는 천사가 있고, 나만 생각하며 남을 해코지하고자 하는 악마가 공존하고 있습니다. 그러나 우리 노력 여하에 따라서 천사가 이기기도 하고 악마가 이기기도 합니다. 천사가 이기게 하기 위해서는 내 이웃을 사랑해야 합니다. 부모, 형제, 아내, 자식, 친구, 사회, 국민을 사랑하는 것이 이웃을 사랑하는 것입니다. 그러한 이웃 사랑에 치중하는 사람은 높은 자리에 올랐든 오르지 못했든, 부자가 되었든 못 되었든, 오래 살았든 못 살았든, 인생의 삶에 성공한 사람이 될 것입니다."

2006년, 전남 대학교 강연에서 한 말이지요.

그래서 묻지 않을 수 없네요. 과연 지금 우리 교육은 된사람을 길러 내고 있나요? ☺

Day 11
남을 이기는 공부는 끝났다

위기지학

새롭게 다가온 시대에 필요한 역량으로 '4C'를 말합니다.

- 창의력(Creativity)
- 의사소통 능력(Communication)
- 비판적 사고력(Critical Thinking)
- 협업 능력(Collaboration)

이 가운데 바탕이 되는 건 무엇일까요? 나는 협업 능력이라고 생각합니다. 다른 세 개 역량 모두 함께 협력하는 과정에서 키워지고 발휘되는 법이니까요.

유학을 공부하던 조선 시대 선비들은 학문하는 목적에 따라 두 갈래로 나누었지요. 위기지학(爲己之學)과 위인지학(爲人

之學)이 그것인데요. 위기지학은 자신의 인격 수양을 위해 공부하는 것이고, 위인지학은 다른 사람을 위한다고 하지만 실은 입신양명을 위한 공부였습니다.

나는 경쟁을 잘하는 사람입니다. 사람들이 선망하는 대학에 갔으니 학창 시절 경쟁을 잘한 것입니다. 직장 생활도 대기업 홍보실에서 글 쓰는 일로 시작해 대통령 연설문을 쓰는 자리까지 갔으니 경쟁에서 성공한 셈이지요. 한마디로 출세했습니다. 출세라는 게 그런 것 아닌가요? 경쟁을 잘했다는 것, 남을 이겨먹었다는 것. 나야말로 위인지학의 공부를 한 셈이지요.

나같이 경쟁을 잘하는 사람은 몇 가지 특징이 있습니다. 옆이나 아래보다는 위나 앞을 보고 달립니다. 여기서 위는 나를 평가하는 사람입니다. 그들에게 잘 보이려고 노력한다는 것이죠. 옆에 있는 친구들은 고려 대상이 아닙니다. 앞만 보고 달린다는 것은 나보다 잘 달리는 사람이나 내가 이르고자 하는 목표를 향해 뛴다는 것입니다. 앞선 사람을 빨리 따라붙어 앞지르고, 빠른 시간 안에 목표에 도달하기 위해서입니다. 지는 것도, 손해 보는 것도 못 받아들입니다. 늘 누군가와 비교해 나보다 나은 사람을 시샘하고 그들을 이기기 위해 안간힘을 쓰죠. 그런데 살면서 늘 이기기만 할 수 있나요? 또 이익만 보고 살 수 있나요? 그러니 불평불만이 가득할 수밖에 없고, 남 탓

하기 일쑤입니다.

그렇다고 이런 사람에게 강점이 전혀 없는 건 아닙니다. 나는 늘 경쟁 상대를 만듭니다. 그런 경쟁 상대 가운데 내 수준보다 약간 우위에 있고, 내가 마음에서 인정하고 좋아하는 사람을 비교 대상으로 삼으면 그가 벤치마킹 모델이 되어 지속적인 발전을 도모할 수 있습니다. 선의의 경쟁이 일어나니까요. 경쟁이 약이 되는 경우입니다.

하지만 대부분의 경쟁에선 그렇지 않지요. 남을 이기기 위해서는 내 실력보다 유능해 보여야 하고, 내가 들인 노력에 비해 결과가 좋아야 합니다. 그런데 이렇게 살다 보면 남에게 보이는 자신에 비해 실제 자기는 초라합니다. 스스로에 대해 자부하기가 어렵습니다. 늘 자신이 못마땅합니다. 또 한편으로는 자신의 실제 모습을 들키지 않기 위해 포장하고 치장합니다. 늘 전전긍긍하지요. 그러다 진짜 모습이 들통났을 때, 그러니까 자기 실력만큼 평가받고, 들인 노력만큼 성과가 나오면 운이 나빴다고 치부합니다. 운이 나쁜 게 아니라 그게 당연한 결과인데 말입니다.

우리 국민은 경쟁을 잘합니다. 배고픈 건 참아도 배 아픈 건 못 견딥니다. 지고는 못 배기지요. 어떻게든 이겨야 직성이 풀립니다. 대통령 모시고 해외에 나갈 기회가 많았습니다. 나가 보니 선진국이든 후진국이든 우리같이 아등바등하지 않습니다. 우리의 경쟁심은 세계 최고입니다.

교육 역시 그렇습니다. 우리의 공부는 목적 자체가 협력을 잘하는 게 아니라, 경쟁을 잘하기 위한 것이었습니다. 교육의 목표도 협력을 잘하는 사람이 아니라 경쟁 잘하는 사람을 키우는 것이었습니다. 교육열이란 것도 따지고 보면 경쟁심이고 승부욕입니다. 그렇게 나쁜 것은 아니지요. 잘하고 싶다는 의욕이고, 잘해 내고야 말겠다는 의지입니다. 성장의 동력이기도 했고요. 우리나라가 이만큼 발전한 이유이기도 합니다.

그러나 경쟁은 행복을 안겨 주지 않습니다. 경쟁은 남과 나를 끊임없이 비교하게 만듭니다. 비교해 보면 나보다 앞서가는 사람, 잘된 사람이 있기 마련이고 그 사람에게 따라붙어 보지만 그보다 더 나은 사람이 또 그 앞에 있습니다. 물론 경쟁에서 이겼을 때 순간적인 짜릿함은 있습니다. 전교 1등을 했을 때 담임 선생님이 "이번 시험 전교 1등이 우리 반에서 나왔다. 다 같이 박수!" 해 줍니다. 그날 하루 행복합니다. 우월감과 효능감을 느낍니다. 자신감이 샘솟지요. 그래서 중독성이 있습니다.

하지만 다음 날부터 급속도로 불안해지기 시작합니다. 1등을 뺏길까 봐 조마조마하지요. 1등이 그러한데 다른 친구들은 오죽할까요. 전교 2등도 집에 가면 엄마가 묻습니다.

"1등은 누군데? 몇 점 차이야?"

2등을 하고도 엄마를 속상하게 합니다. 1등에 가까울수록, 공부를 잘할수록 상대적 박탈감은 더 심합니다. 아이러니하게도 1등을 진심으로 축하하며 기꺼이 박수 치는 친구일수록 다음 시험 결과도 신통치 않습니다. 경쟁심이 없으면 승부욕이 줄어들고, 승부욕이 없으면 학습 의욕이 떨어지니 성적이 좋지 않겠지요. 여기에 경쟁의 비극이 있습니다. 경쟁은 끝이 없는 비교의 연속이고, 비교는 불행을 낳습니다.

공부를 왜 하나요? 불행해지려고요? 적어도 나의 학창 시절 공부는 그랬습니다. 공부는 시험을 잘 보기 위해 하는 것이었습니다. 시험은 그 자체가 경쟁입니다. 잘하는 사람과 못하는 사람을 가리기 위한 것이니까요. 공부의 종착점은 시험이고, 시험은 누구도 행복하게 해 주지 않았습니다. 그것이 공부였지요. 그런 공부를 누가 즐겁게 할 수 있을까요. 불행을 맛보러 가는 공부를 어느 누가 좋아할 수 있겠냐 말이죠. 2018년 보건복지부 발표에 따르면 OECD(경제 협력 개발 기구) 국가와 비교했을 때, 우리나라 아동과 청소년의 '삶의 만족도'는 최하위였다고 합니다. 그 이유가 공부에 있다면 너무 참담하지 않나요?

아, 이렇게 생각할 순 있겠네요. '당장은 불행하더라도 이걸 참고 이겨 내면 장차 행복해질 수 있다. 그러기 위해서 하는 게 공부다.'고 말이죠. 그런데 과연 그럴까요? 공부를 잘하면 좋은 학교, 좋은 직장에 갈 확률이 높다는 건 인정합니다. 그런데 좋은 직장일수록 어떤가요. 경쟁이 치열합니다. 경쟁 '선수'들이 모여 혈투를 벌입니다. 여기서 살아남는 사람은 소수이지요. 그런 사람 가운데 임원이 나오고, 고위 공직자가 탄생합니다. 그러나 그런 사람들 가운데 다수는 행복하지 않습니다.

더욱이 누구나 경력이 쌓이면서 더 큰 조직으로 나아가게 됩니다. 과 단위에서 일하다 부서 단위 일을 하게 되고, 나아가 본부 단위의 일을 맡게 되지요. 하지만 작은 조직에서 인정받은 것이 더 큰 조직에서의 성공까지 보장하는 것은 아닙니다. 시골 중학교에서 공부를 잘해서 도심의 고등학교에 진학한 경우, 대학에서 공부를 열심히 해서 그런 사람만 뽑아 놓은 대기업에 들어간 경우도 마찬가지입니다. 학교를 졸업하고 그렇게 갈망하던 일류 직장에 합격했다는 통보를 받고 신입 직원 연수를 마칠 때까지만 행복합니다. 그다음부턴 '언제 여기를 떠날까.', '어떻게 하면 이 굴레에서 벗어날까.', '학교 다닐 적엔 우수하다는 소릴 들었는데 여기에서는 내가 왜 이런 대접을 받을까.' 자나 깨나 각박한 경쟁에서 해방되는 걸 꿈꾸는 사람이 많습니다.

학창 시절 때부터 경쟁에서 협력으로 물꼬를 틀어야 합니다. 친구와의 경쟁이 아니라 친구를 돕기 위해 하는 공부가 되어야 합니다. 방법은 이렇습니다.

첫째, 공부합니다. 선생님의 말씀을 듣고, 교과서와 참고서를 읽습니다. 모든 일은 '입력—처리—출력' 과정을 거치는데, 공부는 입력 단계인 것이죠. 입력 방식은 읽기, 듣기, 보기, 겪기 등 다양합니다. 교과서와 참고서를 읽거나 수업이나 강의를 듣는 방식이 주로 쓰이지만, 어떤 공부는 관찰하고 실험하거나 체험하는 방식이 더 효과적인 경우도 있습니다. 방법이야 어떠하든 우선 입력해야 합니다.

둘째, 수업을 1시간 들었으면 쉬는 시간에 곧바로 자리에서 일어나지 않고 3초 정도 생각해 봅니다. '조금 전 선생님이 무슨 얘기 하셨지?' 이렇게 말이죠. 그러면 뭐라도 생각나는 게 있습니다. 교과서와 참고서를 읽을 때도 마찬가지입니다. 1시간 정도 읽었으면 잠시 멈추고 방금 읽은 내용이 뭐였는지 생각해 보는 것입니다. 그러면 머릿속에 떠오르는 것이 있습니다.

셋째, 떠오른 것을 메모합니다. 메모하는 행위는 세 가지 의미를 가집니다. 먼저, 메모 거리를 찾아낸 뇌를 칭찬하고 격려해 주는 의미를 지닙니다. 메모하면서 '그래, 좋은 생각이야. 너 참 대단해.' 이런 말을 뇌에 건네는 것이죠. 또 메모한다는 건 그걸 써먹겠다는 의지의 표현입니다. 메모를 왜 하겠어요? 써먹으려고 하는 거죠. 어디에 써먹나요? 말하는 데 써먹습니다. 그러므로 메모하고 나면 그걸 말하고 싶어집니다. 그리고 메모한 걸 써먹을 때 메모한 의미를 다시금 깨닫게 됩니다. '써 먹어 보니 친구들이 고마워하네? 메모 더 해야겠다.' 이렇게 말 이죠. 메모하고 나면 잊어버려도 됩니다. 우리는 기억하기 위해 메모하는 게 아니라 잊기 위해 메모합니다. 메모하면 기억하는 데 필요한 에너지를 다른 곳에 쓸 수 있지요.

넷째, 메모한 것을 가지고 친구들과 만납니다. 친한 친구 서넛 정도가 좋을 것입니다. 나보다 성적이 좋아도 기꺼이 축하해 줄 수 있는 친구이면 좋겠지요. 시험을 앞두고 해도 좋고, 평소 정기적으로 모여도 좋습니다. 친구 집도 좋고 카페도 상관없습니다. 각자 메모한 것을 들고 모입니다.

다섯째, 친구를 위해 내가 알고 있는 걸 모두 말합니다. 그렇게 세 명이 모여 말하면 3인분을 공부한 게 됩니다. 내가 놓친 걸 친구에게 들을 수 있습니다. 친구에게 말해 본 것, 그리고 친구에게 들은 건 시험 볼 때 모두 생각이 납니다. 선생님에게 들은 건 까먹어도 친구에게 들은 내용은 잊히지 않습니다.

그 내용을 얘기하면서 했던 농담까지 떠오릅니다. 그런 결과로 시험을 잘 치게 됩니다. 그러면 친구들끼리 모여 이렇게 말할 것입니다.

"어제 네가 말한 게 정말 시험에 나왔더라. 고마워. 너희들 덕분에 시험 잘 봤어. 우리 다음 시험도 이렇게 준비하자. 나도 더 많이 공부해 올게."

학교 수업 시간이 이런 모임이 되어야 합니다. 자기가 아는 것을 일상적으로 친구들과 나누고, 그러기 위해 준비해 오는 것이지요. 그래야 즐거운 공부가 됩니다. 나만을 위해서가 아니라 남을 위해 하는 일은 즐겁습니다. 친구를 이기기 위해서가 아니라 돕기 위해 하는 공부는 재밌습니다. 혼자 하는 것보다는 함께하는 것이 신명 납니다. 이유는 분명합니다. 인간이 지구에서 살아남은 까닭은 협력했기 때문입니다. 경쟁보다는 협력이 생존 확률을 높인다는 걸 경험으로 알지요.

이제는 협력과 연대를 통해 경쟁에서 앞서 나가야 합니다. 학급 친구끼리 협력해서 다른 학급과의 경쟁에서 이기고, 학교 친구끼리 연대해서 다른 학교와의 경쟁에서 이겨야 합니다. 우리나라 학생들끼리 협력해서 다른 나라와의 경쟁에서 앞서 나가야 하는 시대입니다. 만약 우리가 모두 친구를 위해 공부하고, 공부한 내용을 친구에게 잘 설명해 줄 수 있다면 대한민국은 세계에서 가장 공부 잘하는 나라가 될 것입니다.

●●

　나는 10년 전 경쟁이라는 이름의 폭주 기관차에서 내렸습니다. 지금은 남을 이기고 시험을 잘 보기 위해 공부하지 않습니다. 남과 나누기 위해 공부합니다. 공부로 알게 된 것을 강의를 통해 공유합니다. 나이 예순을 넘은 지금, 공부가 재밌는 이유이고 이런 공부를 학창 시절에 알았더라면 얼마나 좋았을까 생각해 보는 요즘입니다. 😊

Day 12
공감 능력은
선택이 아니라 필수

공감 능력

사람은 공감 능력을 갖고 태어납니다. '측은지심'이라고
하죠? 남을 불쌍히 여기는 마음 말입니다. 인(仁, 남을 사랑하고
어질게 행동하는 일이라는 뜻)에서 우러나오는 사람의 본성이지요.
엄마가 울면 어린아이가 따라 우는 것도, 어려운 사람을 보면
마음이 짠한 것도 그런 측은지심의 발로입니다. 그래서 맹자가
그랬지요. 모름지기 사람은 아이가 우물에 빠지면 몸을 던져
구하려 한다고요. 그 아이가 나와 어떤 관계이건 상관하지 않
고 말이죠.

군이 위급한 상황이 아니어도 사람은 쉽게 감정 이입합니
다. 주변 사람의 기분에 동요하고 그들의 감정에 동조합니다.
한 사람이 서럽게 울면 옆 사람도 눈물이 나잖아요. 왜 우는지
영문을 몰라도요. 우리 뇌에는 거울 신경 세포가 있어 다른 사

람의 움직임을 흉내 내고 비슷한 반응을 보이려고 합니다.

측은지심이 있는 사람은 기본적으로 주변 사람에게 관심이 많습니다. 특히 어렵고 힘든 사람을 주목합니다. 단지 눈길만 주는 게 아니라 행동합니다. 그런 사람을 도울 방도를 찾고, 그러기 위해 사람을 모읍니다. 그리고 정부나 관련 단체에 도와줄 것을 촉구합니다. 한마디로 사람을 사랑합니다. 나아가 자연을 아끼고 환경을 생각합니다.

처지를 바꾸어 생각해 보는 '역지사지' 역량도 공감 능력에 해당합니다. 남의 사정이나 입장, 심정, 마음을 헤아리고 이해하는 능력 말입니다. 누군가 두 손에 무언가를 들고 문을 열려고 하면 다섯 살만 되어도, 딱한 처지를 헤아려 문을 열어 준다고 합니다.

그렇다면 이런 역지사지 능력도 타고나는 것일까요? 어느 정도는 그러하겠지만 이는 학습과 경험을 통해 발달한다고 합니다. 그래서 사람마다 편차도 크다고 해요. 아내는 나보다 공감력이 뛰어납니다. 명절이나 휴가철에 며칠 집을 비워야 할 때 가장 먼저 챙기는 게 '구피'라는 열대어입니다. 아내는 혹여 구피가 굶어 죽지나 않을까 노심초사하며 작은 물통에 담아 연휴 내내 들고 다닙니다. 밥을 챙겨야 한다는 이유에서입니다. 그런 아내를 보고 나를 그렇게 챙겨 보라고 말했다가 구피만도 못한 인간이 된 적도 있습니다.

　공감력이 좋은 사람은 '아량'도 있습니다. 배려하고 양보할 뿐 아니라 용서와 포용도 마다하지 않습니다. 대화와 타협과 협상이 가능합니다. 간혹 내게 그런 아량이 있다고 말하는 사람이 있습니다. 나를 잘못 본 것입니다. 나는 눈치를 심하게 보는 편입니다. 눈치 보는 사람은 본의 아니게 양보나 포기를 잘합니다. 배려심이 있어서가 아니라 구설에 오르기 싫어서입니다. 남들에게 싫은 소리 듣는 걸 두려워하기 때문이기도 합니다. 좋은 사람이란 소리를 듣고 싶어서이기도 하고요. 하지만 그렇게 처신하면 아량이 있는 사람처럼 보입니다.

　아내가 외국 가수에 푹 빠져 그 가수의 팬클럽을 주도한 적이 있습니다. 출신이 중국인지 홍콩인지, 주업이 배우인지 가수인지 모르겠지만, 아무튼 노래도 하고 연기도 하는 사람이었습니다. 늦바람이 무섭다고 그 사람 사진만 봐도 자지러졌지요. 인터넷 카페에 가입해 회원들과 시시각각 정보를 교환하고, 돈을 모아 국내 유명 디자이너가 디자인한 고가의 한복을 선물하고, 급기야 자기들끼리 전용기를 빌려 중국까지 날아갔습니다. '최애'가 있는 사람이면 공감할 테고, 그렇지 않은 사람의 눈에는 신기하게 보일 테지요.

　하지만 이런 '공동체 의식'도 공감 능력입니다. 나에게 갇

히지 않고 나를 확장하고 남과 연대할 수 있는 능력이지요. 나를 다른 사람과 연결하고 공동체로 확장합니다. 세상을 사랑하고 이를 위해 기꺼이 헌신하며 그것을 보람으로 여깁니다.

공감 능력이 있는 사람은 '정의감'도 있습니다. 불의를 보면 분노합니다. 불이익을 감수하며 부당, 부조리, 불합리에 저항합니다. 손을 들고 말하거나 앞에 나섭니다. 필요하면 희생까지 불사합니다. 나는 대학 시절 학생 운동을 하지 않았습니다. 군사 정권에 분노하고, 희생당하는 친구들을 보며 안타까워했지만 내 몸을 던지진 않았습니다. 일찍 군대에 갔다 왔다는 핑계로 매일 친구들과 술 마시며 성토하는 게 전부였습니다. 부끄럽지만 돌이킬 수 없지요.

아내는 지하철에서 술에 취해 여성에게 추근거리는 사람을 보면 그냥 지나치지 않습니다. 불같이 화를 냅니다. 나는 간이 콩알만 해지고 옆 칸으로 피신하고 싶은 마음이 간절한데 도대체 누굴 믿고 그러는지, 그리 오래 살고도 남편을 몰라도 그렇게 모르는지. 나는 그럴 때마다 아내가 제일 무섭습니다. 사람에게는 타인을 배려하는 마음도 있지만, 자기중심적인 속성도 강하게 있지요. 이타적이면서도 매우 이기적입니다. 서로 돕는 것이 생존에 유리한 측면이 있어 이타적이지만, 굳이 내가 나서지 않아도 무임승차할 수 있으면 수수방관하게 되지요.

하지만 아내를 잘 만난 덕분에 나 역시 공감력을 키워 가고 있습니다.

●●

나는 공감력을 크게 두 가지, 즉 '동의적 공감력'과 '동감적 공감력'으로 나누고 싶습니다.

동의적 공감력은 다른 사람의 생각이나 입장을 대하는 태도인데, 이는 다시 세 단계로 나눌 수 있습니다. 첫 번째는 다른 사람의 생각이나 입장을 이해하는 단계입니다. 두 번째는 나와 생각이나 입장이 다르긴 하지만 그럴 수 있다고 인정하는 단계입니다. 첫 번째 단계가 이해는 하지만 인정하긴 어렵다는 수준이었다면, 거기서 한발 더 나아간 것이지요. 세 번째는 다른 생각과 입장을 존중하여 자기 생각과 처지에 반영하는 단계입니다. 이해도 되고 인정할 수도 있겠는데 도저히 받아들이지는 못하겠다면, 존중하는 단계에까진 이르지 못한 것입니다.

동감적 공감력은 다른 사람의 감정이나 느낌을 대하는 태도인데, 이 또한 세 단계로 나눌 수 있습니다. 첫 번째는 다른 사람이 어떤 감정과 느낌을 갖고 있는지 아는 것입니다. 두 번째는 그런 감정과 느낌을 함께 느끼는 단계인데, 감정 전이가 된 상태입니다. 이때 상대가 울면 자신도 따라 울고, 상대가 화를 내면 자신도 분노하게 되지요. 세 번째는 다른 사람의 감정과 느낌에 대해 연민이나 분노의 감정이 일어, 행동하는 단계입니다. 우리 주변에는 다른 사람의 감정이나 느낌에 관심이 없어 전혀 알아채지 못하는 사람도 있고, 알긴 아는데 그걸 무덤덤하게 받아들이는 사람이 있는가 하면 민감하게 받아들이는 사람도 있습니다. 또 예민하게 받아들이긴 하지만 자기 일처럼 움직이진 않는 사람이 있는가 하면 두 손 두 발 걷어붙이고 나서는 사람도 있지요. 이 모두 동감적 공감력의 차이에서 비롯된다고 봅니다.

이런 공감력은 풍부하고 예민한 감수성에 기반을 둡니다. 그러나 우리 사회는 감성적이고 감수성이 풍부한 사람에게 "저 친구는 감정적이야.", "당신은 왜 그렇게 감정이 앞서?"라는 낙인을 찍습니다. 감정을 잘 감추고 억제할 수 있는 사람이 인격 수양이 잘된 사람으로 인정받습니다. 감정이 메마르고 냉철한 사람이 대접받습니다. 그런 지성인(?)이 득세했고요.

그런데 이제는 이구동성으로 공감력을 키워야 한다고 말합니다. 맞습니다. 시대가 공감 능력을 요구합니다. 공감력은 창의력입니다. 사람들의 사정과 심정에 관심 없는, 사람을 사랑하지 않은 사람이 사람을 위한 제품이나 서비스, 제도나 정책을 만들어 낼 수 있을까요? 모든 것은 사람을 위해 만들어지는 것인데 말이죠.

지금의 학교는 과연 공감 능력을 키워 줄까요? 공부 못하는 친구를 불쌍히 여겨 도우려고 하나요? 힘들게 공부한 내용을 친구를 위해 공유하나요? 왕따당하는 친구의 심정을 헤아려 위험을 무릅쓰고 나서나요? 적어도 내가 학교 다니던 시절에는 그러지 못했습니다. 물론 공감 능력이 좋은 친구들이 있었지요. 그런 친구는 대체로 공부를 잘하진 못했습니다. 사람 좋다는 소리만 들었습니다. 그러면서 안타까움을 표시했지요.

"저 친구, 사람은 참 좋은데….."

그런 점에서 두 가지 실험 결과는 우리를 돌아보게 합니다. 존 브록만이 엮은 『앞으로 50년』생각의나무. 2002이란 책에서 알게 된 내용인데요, 미국 하버드 대학교의 인지 심리학자 마크 하우저는 '붉은털원숭이 실험'을 했습니다. 붉은털원숭이에게 손잡이를 잡아당기면 먹을 게 나온다는 걸 가르친 뒤, 바로 옆 우리에 또 다른 붉은털원숭이를 넣었습니다. 그리고 손잡이를 잡아당기면 먹이가 나오는 동시에 옆 우리의 원숭이에게는 전기 충격이 가해지게 했지요. 붉은털원숭이는 며칠 동안 손잡이를 잡아당기지 않았습니다. 그 붉은털원숭이는 자신의 주린 배보다 옆 방 붉은털원숭이의 고통을 보는 것이 더 힘들었던 것이지요. 이렇게 원숭이는 동료의 아픔을 헤아리는 공감력을 발휘합니다.

　그런데 또 하나의 실험 결과는 인간의 공감 능력을 의심하게 합니다. 1960년대 초, 미국 예일 대학교의 심리학자 스탠리 밀그램은 '권위에 대한 복종 실험'을 했습니다. 선생 역할을 맡은 실험 참가자가 문제를 내서 학생이 틀리면, 의자에 묶여 있는 그 학생에게 전기 자극을 보내는 버튼을 누르도록 했지요. 실험 결과는 충격적이었습니다. 절반 이상의 참가자가 학생의 비명과 거부에도 불구하고 진행자의 지시에 따라 최고 전압에 이르기까지 버튼을 눌렀지요. 하물며 원숭이도 갖고 있는 공감력입니다. 만물의 영장이라는 인간이 공감력을 발휘해야 하는 건 당연하겠지요. 하지만 안타깝게도 그렇지 못한 현실을 자주 봅니다. 우리 모두의 반성이 필요한 일이지요.

　그렇다면 어떻게 공감력을 키울 수 있을까요?

　다른 사람에 관심을 가지고 사람을 이해하려고 노력해야 합니다. 소설을 읽으며 작중 인물에 동화되어 보는 것도 좋고, 영화나 드라마 주인공에게 감정을 이입해 보는 것도 좋습니다.

무엇보다 이런저런 일을 많이 경험해 볼 필요가 있습니다.

대화를 나누는 것도 방법입니다. 자기 말을 많이 하기보다는 경청하는 것이죠. 지위가 높아지고 나이를 먹을수록 경청이 잘되지 않아 공감력을 잃게 됩니다. 가르치고 규정하려 들지 말고, 상대에 대한 호기심을 가지고 질문하고, 상대의 의중을 읽으려고 노력하는 것입니다.

자기를 잘 아는 것도 중요합니다. 자신을 사랑하지 않은 사람이 남을 사랑할 수는 없습니다. 자기를 알지 못하는 사람이 남을 이해할 수 없지요. 자신을 알기 위해서는 남보다 자기에 더 관대하고 친절해야 합니다. 내 감정과 느낌을 존중하고, 이를 통해 내가 무엇을 좋아하고 잘하는지 알 수 있어야 합니다. 자기 감정조차 주체하지 못하고 자기 생각이 무엇인지도 모르는 사람이 다른 사람 말에 동의하고 다른 사람 마음에 공감하긴 어렵지 않을까요? ☺

Day 13
나만의 무늬,
개성을 키우려면

상상력

사람은 누구나 두 세계 속에서 산다고 합니다. 하나는 현실의 세계입니다. 사물이 있고 사건이 일어나고 사람과 만나는 실재 세계입니다. 다른 하나는 상상의 세계입니다. 정신, 감정, 사고와 같은 내면의 세계이지요. 현실 세계와 상상 세계는 영향을 주고받으면서 서로 수렴하고자 합니다. 예를 들어 나의 실제 성적은 전교 50등 정도이고, 기대하는 등수가 전교 10등이라면 20~40등 범위로 수렴하겠지요.

'인문(人文)'은 사람의 무늬란 뜻인데요. 사람은 저마다의 무늬가 있습니다. 개성이라고도 하지요. 그런데 학교는 이런 자기만의 색깔을 살려 주는 교육을 할까요? 아닙니다. 내가 학교 다닐 적만 해도 그렇지 않았습니다. 지금도 크게 다르지 않을 것입니다. 서로 달리 태어난 사람들을 다 같게 만드는 게 우리 교육이 아닌지 모르겠습니다. 왜 그럴까요? 학교 수업 시간에 주로 하는 일은 듣기와 읽기였습니다. 말하고 쓰지 않았지요. 수업 시간에 선생님 한 분이 말하고 여러 학생이 그 말을 듣지요. 내용은 같습니다. 각자 말하고 선생님이 듣는 게 아니고, 선생님 혼자 말하고 학생들이 듣습니다. 그러면 같은 내용을 듣게 되고 같은 생각을 하게 되지 않을까요? 각자의 색깔이 만들어질 수 없겠지요. 오히려 누가 선생님을 빨리 닮아 가는가, 선생님 말씀을 잘 이해하고 그 수준에 빨리 도달하는가의 경쟁이 되겠지요.

읽기, 듣기로는 개성이 생기지 않습니다. 자기만의 목소리가 없으니까요. 말하고 쓸 때, 그 말과 글에 배어 있는 게 그 사람의 개성입니다. 원론적으로 남의 것을 읽고 듣기만 하면 자아가 만들어지지 않습니다. 자기 정체성이 형성되지 않지요.

개성을 만들어 내는 게 상상력입니다. 글은 기억력과 상상력으로 쓰지요. 기억은 과거이고 상상은 미래입니다. 기억은 공통의 것이고 상상은 각자의 것입니다. 우리 머릿속에 있는 지식이나 자신의 경험, 이런 것들은 기억의 형태로 가지고 있습니다. 상상은 각자의 것이고 겪어 보지 않은 미래이기도 합니다.

내가 초등학교 3학년 때 글짓기 대회에 나갔습니다. 지역신문사 주최 대회였는데, 제목이 「즐거운 우리 집」이었어요. 그런데 덜컥 최우수상을 받았어요. 다 거짓말이었거든요. 거짓말도 상상력의 일종이라고 봐요. 그게 지나쳐서 공상, 망상으로 흐르면 안 되지만요. 어느 수준까지는 거짓말도 상상력이 필요해요. 소설이나 드라마 대본, 영화 시나리오 모두 그렇지요.

선생님이 말씀하시는 내용은 기억해야 할 것들입니다. 살면서 꼭 필요한 것들이죠. 하지만 기억이 전부는 아닙니다. 앞으로는 기억보다 더 중요한 역할을 하는 게 상상력일 수 있습니다. 영국의 철학자 프랜시스 베이컨이 그랬잖아요. "아는 것이 힘이다."라고요. 그런데 이제는 아는 게 힘이 아니래요. 상상력이 힘입니다. 지식은 머릿속에 있지 않아도 검색을 통해 얼마든지 접근할 수 있는데, 상상력은 어디 가서 빌려 올 수 없거든요. 위대한 물리학자 알베르트 아인슈타인도 "상상력이 지식보다 중요하다."라고 했지요. 지식은 한정되어 있지만 상상력은 무한합니다. 한계가 없지요.

우리는 나이를 먹을수록, 그리고 위로 올라갈수록 상상력이 빈곤해집니다. 이유는 세 가지입니다. 상상력은 엉뚱함과 맥락이 같습니다. 엉뚱하면 "너 지금 장난하냐?"라고 합니다. 상상력은 또한 고정 관념, 통념, 선입견에서 벗어나야 가능합니다. 타성과 관성에서 벗어나 빗나감, 삐딱함, 벗어남이 상상력의 힘입니다. 이런 힘은 자기 검열에 충실하고 지배적인 생각에 학습이 잘돼 있는 사람일수록 약할 수밖에 없습니다. 그런 사람은 이미 있는 정답을 잘 찾을 뿐입니다. 나아가 상상력은 모험입니다. 실패에 관대해야 발휘될 수 있는 역량입니다. 그런 데 우리는 실패를 적게 해야 성공할 수 있습니다. 우리 사회에 서 성공한 사람은 대개 그런 부류입니다. 어쩌면 상상력이 빈 약해서 그 자리까지 올라갔을 수도 있습니다.

●●

상상력은 어디에서 나올까요? 가장 필요한 것은 자유로운 사고죠. 외부의 통제와 압박을 의식해 스스로 검열하지 않는 것입니다.

상상력은 또 뭔가에 꽂혀야 만들어진다고 생각합니다. 무 언가에 꽂히면 꽂힐수록 상상력이 나래를 펴고 꽃을 피우죠. 유 홍준 전 문화재청장이 인용하면서 유명해진 "사랑하면 알게 되 고, 알면 보이나니. 그때 보이는 것은 전과 같지 않으리라."라 는 말대로 사랑과 관심이 상상력의 원천입니다. 관심이 없으면 상상력은 안 생깁니다.

상상력이 커지려면 실패에 관대해야 해요. 상상력은 시도 하고 도전하는 사회에서, 그런 토양에서 커질 수 있거든요. 실 제로 우리 뇌는 실수하거나 문제를 틀렸을 때, 혹은 실패했을 때 활성화된다고 합니다. 실수나 실패를 두려워하지 않고 이를 학습의 기회로 받아들여야 상상력이 커질 수 있지요. 아인슈타인도 이렇게 말했습니다.

"몇 달이고 몇 년이고 생각하고 또 생각했다. 그러다 보면 99번은 틀리고 100번째에 이르러서야 비로소 맞는 답을 찾아냈다."

그런데 우리 사회는 어떤가요. 실패에 관대하지 않아요. 실패했을 때 재기하고 다시 올라설 수 있는 패자 부활의 기회가 많지 않아요. 대입에 실패하면 그 후유증이 평생 가요. 그걸 다시 역전하고 회복할 수 있는 기회가 많지 않은 사회지요. 상상력이 풍부한 사람들이 도전했다가 실패하면 "내가 뭐라고 그랬어? 안 된다고 그랬지? 고집 피우더니…. 너 어떡할 거야?" 이런 말들이 집, 학교, 직장, 사회에서 일상화돼 있습니다. 그러면 그다음부턴 도전하지 않아요. 시도하지도 않고요. 상상력을 발휘하지 않는 거죠. '시키는 대로만 하자', '납작 엎드려 있자', '중간만 가자'고 생각하죠. 이런 풍토에서는 개성 있는 사람보다는 두루두루 평균만 하는 사람이 득세합니다. 뾰족한 사람보다는 두리뭉실한 사람이 잘나가지요. 부모 세대는 대입에 실패했을 때 어떤 불이익을 감수해야 하는지 뼈저리게 실감하다 보니 무조건 안전한 길을 가야 한다고 믿는 거죠.

하지만 상상력은 엄숙하고 바쁘고 정신없는 데서 키워지지 않습니다. 유쾌하고 즐겁고 여유 있고 발랄한 분위기에서 나옵니다. 뭔가 재밌어야 하고요. 상상력이 나오는 중요한 통로 중의 하나가 바로 놀이입니다. 학교에서 상상력을 키우기 위해 시를 읽는다든가, 그림을 감상한다든가, 음악을 듣거나 연주하지요. 나는 이보다 놀이를 한다든가, 재미있는 만화, 영화를 보면 상상력이 더 키워진다고 생각합니다.

그런데 학교가 이렇게 놀 시간을 주지 않아요. 학교 다닐 때 생각해 보면 까불고 엉뚱한 친구들은 선생님에게 혼났지요. 지금 와 생각해 보면 혼나던 친구들이 상상력도 풍부하고 창의적이었더라고요. 그 친구들은 지금도 만나면 재밌어요.

글도 그렇습니다. 재미있는 글을 쓰려면 쓰는 사람이 재미있어야 합니다. 글 쓰는 게 재미있고 사는 게 재미있어야 하지요. 그러나 실제로는 어떤가요. 재미있게 살려는 사람을 보면 실없다고 합니다. "저 친구 요즘 한가한가 보다."라고 하지요. 웃음, 놀이, 재미에 제값을 쳐주지 않습니다. 구글 같은 기업이 놀이를 권장하고, 미국 대통령 연설팀에 농담 담당자만 따로 두는 것과는 대조적입니다. 그들은 사람과 시간이 남아돌아서 재미와 웃음을 추구할까요? 창의는 엄숙함에서 나오지 않습니다. 근엄함은 즐겁지도 않습니다. 권위적일수록 재미는 없습니다. '나는 재미없는 사람'이란 게 무엇이 자랑이라고, '저 친구 웃기는 녀석'이라고 비웃느냐 말이죠.

학교에서 상상력을 키우려면 선생님 말씀 잘 듣고 시키는 것 잘하고 공부에만 몰두해선 한계가 있습니다. 물론 교육 과정을 통해 상상력을 키울 수 있는 친구도 있겠지만, 그렇지 않은 친구들이 마음껏 상상력을 펼칠 수 있는 공간이 확보되어야 합니다. 엉뚱한 친구들이 학교에서 배제되고, 사회에 나와서도 중요한 역할을 할 수 없게 만드는 장치로써 학교가 기능한다면, 이미 도래한 상상력의 시대에 우리 사회가 경쟁력을 가질 수 없겠지요. 미국의 교육학자 존 듀이가 말했습니다.

"어제 가르친 그대로 오늘도 가르치는 건 아이들의 미래를 빼앗는 것이다."

●●

「즐거운 우리 집」이 실린 신문을 아버지가 갖고 오셨습니다. 거짓말했다고 혼날 줄 알았는데 아버지가 칭찬해 주시는 거예요. 내가 바라고 꿈꾸는 우리 집을 상상력으로 본 거죠. 여러분도 자신이 가진 엉뚱함을 발휘할 기회를 잘 찾아보기 바랍니다. ☺

Day 14
공부는 몰입 행위다

집중력

대입을 두 달여 앞두고 있었습니다. 공부를 하지 않아 목표한 대학에 가기 어려운 상황이었습니다. 그러던 차에 입대 영장이 나왔습니다. 입대 날짜는 다음 해 3월 2일. 그해 시험이 마지막 도전이었습니다. 낙방하면 다음 해는 없었고, 대학은 물 건너가게 되는 거였죠. 아버지는 당시 큰 수술을 하셔서 건강이 매우 좋지 않았습니다. 얼마나 오래 사실 수 있을지 걱정이 컸습니다. 나는 막다른 길에 몰렸습니다. 승부를 내야 했지요. 그때 이런 생각을 했습니다.

'대학 입학 학력고사를 출제하는 선생님들이 세상에 없는 문제를 낼 수 있을까? 그건 가능하지 않다. 하늘 아래 새로운 것은 있을 수 없다. 그렇다면 이미 세상에 나와 있는 문제 안에 학력고사 문제가 있을 수밖에 없지 않을까? 그 문제를 다 풀어

보면 되겠다.'

　이런 생각으로 서점에 가서 실전 모의고사 문제집을 있는 대로 모두 샀습니다. 쉰몇 개 정도 됐던 것 같습니다. 하루에 한 회씩 풀었습니다. 모의 학력고사를 하루에 한 번씩 본 것이죠. 틀린 문제는 샅샅이 공부해서 완벽하게 알고 넘어갔습니다. 그렇게 50여 일을 잠을 아껴 모든 모의고사 문제를 다 풀어 본 후 시험장에 갔습니다. 1교시가 국어 시험이었는데 언젠가 한 번 본 시험을 또 보는 것 같았습니다. 4교시 사회 시험에서는 지문만 봐도 어느 게 답인지 대략 짐작이 됐습니다. 50여 일 동안 학력고사 문제의 패턴을 뇌가 학습한 것이죠. 이런 유형의 문제는 이렇게 풀어야 하고, 이게 답이라고 유추할 수 있게 된 것입니다. 이런 식의 벼락공부는 결코 바람직하지 않지만, 몰입이 주는 성과는 분명 컸습니다.

　　　　　●●

　공부는 몰입 행위입니다. 몰입하지 않으면 공부할 수 없습니다. 누가 그러더라고요. "공부는 입력이고, 말하기와 글쓰기는 출력이다. 공부는 자기 생각에 의문을 가지고 자기 생각을 의심하는 행위이고, 말하기와 글쓰기는 자기 확신을 만들어 가

는 과정이다."라고요. 저도 같은 생각입니다. 말하기와 글쓰기
는 내 생각에 확신을 북돋우기 위해서 하는 것 같고, 하면 할수
록 확신이 들어요. 그런데 공부는 하면 할수록 확신이 드는 게
아니고 더 의심하게 돼요. 이런 확신과 의심을 반복하는 과정
이 바로 공부인 것이죠. 그만큼 공부는 몰입이 필요한 일입니
다. 몰입하면 공부할 수 있다는 말이기도 하고요.

　　몰입 전문가인 서울 대학교 황농문 교수는 『공부하는 힘』
위즈덤하우스, 2013이란 책에서 집중력을 높이는 공부 방법 열 가
지를 소개합니다.

❶ 적어도 하루 6~7시간은 자야 한다.

❷ 규칙적으로 매일 30분간 운동한다.

❸ 긴장을 풀고 느긋하게 공부한다.

❹ 자기 수준보다 약간 높은 정도의 수준에 도전한다.

❺ 한 과목을 충분히 오래 공부한다.

❻ 암기보다는 이해 위주의 학습을 한다.

❼ 자투리 시간을 활용한다.

❽ 중요한 내용을 선택해 집중 공략한다.

❾ 반복 학습한다.

❿ 공부해야 하는 이유와 목표를 수시로 되뇐다.

다섯 번째 항목만 제외하면 대체로 동의하는 내용입니다. 이 가운데 운동은 체력을 관리하기 위해서뿐만 아니라, 뇌세포를 자극해 집중력을 향상하는 효과도 있다고 합니다.

나 같은 경우 이런 때 몰입이 잘됩니다.

첫째, 소음이 어느 정도 있고, 주변에 사람도 있고, 넓고 천장이 높은 데서 몰입이 잘됩니다. 그래서 나는 널찍한 카페에 가면 공부가 잘됩니다. 나와 반대인 사람도 많겠지만요. 그리고 나는 공부하는 장소를 옮깁니다. 공부를 5시간 한다면 3시간 정도 하고 다른 장소로 옮겨 2시간을 합니다. 장소를 옮기면 새로운 분위기에서 지루하지 않게 다시 시작할 수 있으니까요.

몰입은 주변 환경과 장소의 영향을 크게 받지요. 어떤 사람은 주변에 소음이 좀 있는 곳에서 몰입이 잘되는가 하면, 어떤 사람은 아주 조용한 곳에서 몰입이 잘됩니다. 천장이 높은가 낮은가, 공간이 넓은가 좁은가, 사람이 많이 있는 곳인가, 혼자만 있는 장소인가에 따라 몰입 정도가 달라집니다.

그렇기에 몰입이 잘되는 환경을 찾는 것은 중요합니다. 누군가는 걸을 때, 또 어떤 사람은 잠들기 전에 몰입이 잘됩니다. 또 어떤 사람은 막 잠에서 깼을 때 정신이 맑아지면서 몰입이 잘된다고 합니다. 심지어 샤워하거나 머리 감을 때 몰입이 잘되는 사람도 있습니다. 이 밖에도 주변에서 나는 소리나 냄새, 조명, 의자나 책상의 위치와 상태에 영향을 받기도 합니다. 자기에게 맞는 환경을 조성하면 몰입감 높은 상태에서 공부할 수 있겠지요.

둘째, 나는 관심사가 생겼을 때 몰입합니다. 김대중 대통령은 책을 읽다 보면 그 책에 나와 있는 또 다른 내용이 궁금해 다른 책을 읽게 되고, 그 책에 소개된 또 다른 책이 궁금해 찾아 읽게 된다고 했습니다. 이게 바로 독서 삼매경이고, 이런 삼매경이 몰입 상태지요. 주체할 수 없는 호기심 상태입니다. 호기심이 왕성한 사람은 유심히 보고 질문합니다. 의문과 문제의식이 있지요. 또 알기 위해 공부합니다. 이를 통해 성장합니다.

이런 몰입 상태에 이르려면 관심 있는 걸 찾아야 합니다. 잘하는 것보다는 좋아하는 것, 되어야 하는 것보다는 되고 싶은 것이 무엇인지 알아야 합니다. 바로 그것이 관심 있는 것이고, 그것을 공부할 때 몰입할 수 있습니다. 그리스 신화에 나오는 예술과 학문의 여신 뮤즈처럼 누구에게나 자신만의 뮤즈가 있고, 뮤즈가 찾아왔을 때 신들린 듯 글이 써지고 그림이 그

려지고 공부가 됩니다. 뮤즈는 영감과 열정을 불러일으켜 주는
그 무엇이지요.

나는 말하기와 글쓰기에 관해 공부하거나 생각할 때 뮤즈
가 찾아옵니다. 어떻게 하면 글을 잘 쓰고 말을 잘할 수 있는지
에 관해 생각하는 일이 즐겁습니다. 그러다 보니 뇌 과학도 궁
금하고 심리학도 궁금하고 문학도 궁금해졌습니다. 이렇게 궁
금해지는 게 많아지면 무아지경의 황홀함에 빠집니다.

셋째, 난이도가 적절할 때 몰입할 수 있습니다. 너무 쉽거
나 아예 어려우면 몰입이 안 됩니다. 미국 카네기 멜런 대학교
의 행동 경제학자인 조지 로웬스타인은 사람은 지식의 공백을
느낄 때 호기심이 발생한다고 했습니다. 그가 1990년대 초 발
표한 논문 「호기심의 심리학」에 따르면 75퍼센트 정도 알고
25퍼센트 정도 모를 때 호기심이 최고조에 이르고 몰입이 잘된
다고 합니다.

넷째, 나의 성장을 확인할 때 몰입합니다. '내가 나아지고
있다. 내가 뭔가를 새롭게 배우고 깨우치고 있다. 어제보다 오늘
이 낫고 내일은 더 나을 것이 기대된다.'고 생각할 때 몰입합니
다. 고대 그리스의 철학자 아리스토텔레스가 그랬지요. "사람은
탁월함을 추구할 때 행복하다."라고요. 그 행복이 바로 몰입입니
다. 몰입과 행복은 같은 것이라고 생각합니다. 몰입하면 행복해

요. 아무것도 보이는 게 없어요. 거기에 빠져들면 행복하죠.

내가 성장하는 걸 확인하면서 행복했던 기억은 블로그를 하면서였어요. 블로그에 쓰는 양이 점점 늘어나니까 내가 양적으로 성장하는 걸 느꼈어요. 내 안이 꽉 차는 충만감을 맛봤지요. 또한 과거에 쓴 글을 보면 죄다 허접해요. 그사이에 성장한 겁니다. '내가 그사이에 이렇게 발전했구나. 앞으로 계속하면 얼마나 더 발전할까?' 이런 기대를 하게 돼요. 그러면서 몰입하게 되죠.

공부도 마찬가집니다. 공부하면서 스스로 성장하고 있다는 걸 느껴야 해요. 그런 점에서 시험을 치러 보는 건 나쁘지 않습니다. 굳이 시험이 아니더라도 자신의 수준이 올라가고 있다는 걸 주기적으로 확인할 필요가 있습니다.

다섯째, 재미있을 때도 몰입합니다. 내가 어떤 일에서 재미를 느낄지는 해 보지 않고는 알 수 없어요. 일단 해 봐야 하죠. 그리고 내가 결정해야 해요. 할지 말지를 내가 결정하지 않으면 재밌을 수 없지요. 또 하나는 반응이 있어야 해요. 나 혼자 그냥 하고 마는 일은 재미가 없어요. 다른 이의 반응이 있어야죠. 이런 조건들이 충족되면 재미있어요.

학교에서 배우는 여러 과목 중에 재밌는 것을 찾아보세요. 그걸 공부하면 됩니다. 모든 과목을 잘하기는 어렵기도 하거니와 그럴 필요도 없습니다. 이제는 이것저것 다 잘하는 것보다 한 가지를 확실히 잘하는 게 더 좋습니다. 그 한 가지는 재밌는 것이어야 합니다. 나는 무엇이 재밌는가, 곰곰이 생각해 봐요.

여섯째, 목표가 생겼을 때도 몰입하지요. 나도 어느 때부터인가 '유시민 작가보다 글을 잘 쓸 순 없지만, 글쓰기에 대해 더 잘 말하는 사람이 되겠다.'는 생각을 했어요. '글쓰기 책을 열 권 쓰자. 나중에 글쓰기 학교도 열자.' 이런 목표가 생겼을 때 글쓰기 강의에 몰입할 수 있었지요. 목표가 생기니 가슴이 뛰기 시작했어요. 책을 쓰면서, 강의하러 가면서, 방송에 나가면서 말이죠.

공부는 그 자체가 목적일 수는 없습니다. 공부를 통해 이루고자 하는 목표가 있어야 몰입할 수 있습니다. 누군가 "너는 공부해서 뭐 할 건데?"라고 물었을 때, 자신 있게 대답할 거리가 있는지 생각해 보세요. 그것이 바로 공부하는 이유일 테니까요. ☺

강원국의 몰입 TIP

- 한 번에 하나씩 하기
- 해야 할 일 단순화하기
- 목표를 향해 집념을 불태우기
- 흥미와 재미 느끼기
- 집중이 잘되는 공간에 가기
- 주변을 정리하기
- 배부르게 먹지 않기
- 방해물 제거하기
- 해야 할 이유 찾기
- 달성의 기쁨을 상상하기
- 하지 말아야 할 것 하지 않고 그 시간에 쉬기

Weekly Note 2
공부 근육 만들기

① 공부 루틴과 보상 체계 설정하기

• 나와 잘 맞는 루틴은?

• 나를 더 보람차게 하는 보상은?

② 나는 언제 '몰입'이 잘될까?

내가 몰입이 잘되는 환경	나를 몰입하게 하는 관심사
스스로 성장했다고 느끼는 순간	나를 몰입하게 하는 목표

Day 15

말할 수 있는 것만이
아는 것이다

혼잣말의 효과

'비 맞은 스님 담 모퉁이 돌아가는 소리'라는 말 들어 봤나요? 남이 알아듣지 못할 작은 소리로 혼자 중얼거린다는 뜻입니다. 내가 어렸을 적만 해도 혼잣말로 웅얼거리면 어른들께 꾸중을 들었습니다. 남이 알아듣게 말하라고요. 하지만 이제는 혼잣말 전성시대입니다. 유튜브 크리에이터 중 많은 수가 혼잣말하지 않나요? TV에서도 혼잣말하는 일상을 담은 프로그램이 인기입니다.

말은 두 종류가 있습니다. 나 혼자만 알아들어도 되는 말과 남이 알아듣게 해야 하는 말입니다. 내가 하고 싶은 말과 남이 듣고 싶어 하는 말로 나눌 수도 있지요. 나에 관해 말하는 것과 남에 대해 하는 말도 있고요.

그런데 우리 사회는 남이 알아듣게 말하라고 요구합니다.

또 남이 듣고 싶어 하는 말을 하라고 가르칩니다. 그러다 보니 말하기가 어려워졌습니다. 남이 알아듣고, 남이 듣고 싶어 하는 말을 하려니 힘듭니다. 또 나에 대해 말하는 것, 그러니까 나의 감정, 나의 생각, 나의 경험을 말하기는 쉽지만 남에 대해 말하는 건 어렵습니다. 남에 대해선 잘 알지도 못하거니와 자칫 잘못했다가는 시비가 걸릴 수도 있으니까요.

방법이 있습니다. 혼잣말하면 됩니다. 혼잣말로 아무 말이나 하면 됩니다. 혼잣말은 이 모든 어려움을 한꺼번에 해결해 줍니다. 나는 어릴 적부터 혼잣말을 했습니다. 초등학교 다닐 적, 집에 다락방이 있었습니다. 나는 다 먹은 과자 통 세 개를 신줏단지처럼 모셨습니다. 하나는 지금의 나, 다른 하나는 미래의 나, 그리고 나머지 하나는 다른 사람이 보는 나였습니다. 내가 나에게 오늘 잘 지냈는지 물었습니다. 그리고 5년 후, 10년 후의 내가 오늘의 나에 대해 어떻게 생각할지 말했습니다. 마지막으로 가장 친한 친구나 그날 사이가 안 좋았던 누군가가 나에 관해 어떻게 말할지 떠올려 봤습니다. 지금 생각하면 어처구니없지만 당시엔 재밌었고 하루를 마무리하는 나의 성스러운 의식이었습니다. 그러는 시간에 스케치북만 한 다락 창문으로 보이는 저녁노을은 참 아름다웠지요.

나뿐 아니라 누구나 어릴 적 혼자 놀 때는 끊임없이 중얼거렸습니다. 혼자 장군이 되어 "돌격 앞으로!"도 외치고, "탕! 탕! 탕!" 총도 쏘고, 엄마 아빠 말투를 흉내 내며 일인다역을 하는 소꿉놀이도 했지요. 모두 혼잣말로 했습니다.

●●

　우리 사회에는 말하는 사람과 듣는 사람이 나뉘어 있습니다. 부모는 말하고 자녀는 듣습니다. 선생님은 말하고 학생은 듣습니다. 상사는 말하고 아래 직원은 듣습니다. 아는 게 많은 사람이 조금 아는 사람에게 말합니다. 그런데 말을 통해 보다 많이 알게 되는 사람은 듣는 사람이 아니라 말하는 사람입니다. 그래서 어른은 더 어른스러워지고, 선생님은 더 선생님다워집니다.

　이런 사실을 나는 강의하면서 확인했습니다. 돈을 받고 강의하는 내가 돈 내고 듣는 사람들보다 더 많이 공부하고 있다는 사실 말입니다. 나는 강의할 때마다 이전까지 하지 않았던 말을 한마디라도 보태려고 합니다. 그래야 내가 지루하지 않게 강의를 지속할 수 있으니까요. 그 한마디를 찾는 과정이 나의 공부입니다. 그런데 그게 그렇게 즐거울 수가 없습니다. 강의에 추가할 한마디를 찾았을 때 기쁘고, 그 한마디를 수강하는 분들에게 말할 때 보람을 느낍니다. 이는 비단 나만의 경험은 아닐 것입니다. 강의하는 모든 분의 마음은 비슷하리라 믿습니다.

학창 시절 쉬는 시간, 공부 못하는 친구가 짝에게 물어봅니다. 이때 진짜 공부가 되는 친구는 누구일까요? 짝에게 설명을 들은 친구일까요? 아닙니다. 설명하고 알려 주는 친구입니다. 들은 사람이 아니라 말한 사람입니다. 알려 준 친구가 들은 친구에게 묻습니다.

"이제 잘 알겠어?"

알겠다고 합니다.

"그러면 네가 한번 설명해 볼래?"

그러면 말문이 막힙니다. 알긴 알겠는데 말하기가 어렵다고 합니다. 그러면 알지 못한 것입니다. 노래도 마찬가집니다. 어떤 노래를 안다는 뜻은 무엇일까요? 머릿속으론 흥얼거릴 수 있는데 입으로 부를 수 없으면 그게 아는 노래일까요? 말할 수 있는 것만 아는 것입니다. 안다고 우겨 봤자 소용없는 일입니다. 안다는 걸 입증하지 못하면요. 하지만 말한 친구는 말하기 전보다 더 확실히 알게 됩니다. 시간이 갈수록 말하는 사람과 그렇지 못한 사람 사이의 격차는 더 벌어집니다.

이는 메타 인지와 관련이 있습니다. 공부 잘하는 학생과 그렇지 않은 학생을 가르는 것은 지능 지수나 가정 환경이 아니라고 합니다. 그보다는 메타 인지의 차이라고 말합니다. 심리학자 존 플라벨이 이름 붙인 메타 인지는 자기가 아는지 모르는지 아는 능력이라고 할 수 있습니다. 메타 인지 능력이 우수한 학생은 어느 과목이 부족하고 무엇을 더 공부해야 하는지 스스로 잘 아는 것이죠. 하지만 메타 인지 능력이 부족한 학생은 자기 수준이 어떠한지 잘 모르기 때문에 공부를 효과적으로 할 수 없는 것이죠.

그렇다면 메타 인지를 높일 수 있는 방법은 무엇일까요? 바로 말해 보는 것입니다. 말하면서 자신의 수준을 스스로 알 수 있고, 모르는 부분은 다시 공부하여 말해 봄으로써 메타 인지를 높여 갈 수 있죠.

공부 잘하는 비결도 여기에 있습니다. 선생님 입장이 되어 공부하고, 공부한 것을 말해 보면서 자기 것으로 완벽하게 소화하는 것이죠. '내가 선생님이다. 지금 가르쳐야 한다.'고 생각하고 공부하는 겁니다. 그리고 선생님처럼 말해 보는 겁니다. 그러려면 혼잣말을 많이 해 봐야 합니다. 할 말이 있는지, 말할 수 있는지 혼자 말해 봐야 합니다. 말해 보면 내가 아는지 모르는지, 내 생각이 무엇인지 알 수 있습니다. 그리고 말하다 보면 생각이 나고 정리도 됩니다. 생각이 있어서 말하는 게 아니라 말하다 보면 생각이 나는 것입니다. 말할 수 있어야 공부가 제대로 된 것입니다.

공부가 읽기와 듣기라면, 그것의 목표는 말하기와 쓰기여야 합니다. 공부의 최종 목적지는 말할 수 있는 것이고, 말할수 있는 수준에 도달하는 과정이 공부입니다. 아는 것을 말하고, 발표하고, 토론하기 위해 공부해야 하는 것이죠. 우리가 왜남의 말을 듣고 남의 글을 읽습니까? 내 말을 하고 내 글을 쓰기 위해서죠. 그렇다면 우리의 공부 목표는 선생님처럼 말하는것입니다. 물론 쉽지 않습니다. 그러나 여러분도 언젠가는 어른이 됩니다. 그러면 압니다. 어른처럼 말하는 게 별난 것이 아니라는 사실 말입니다.

혼잣말은 말하기 연습도 됩니다. 처음부터 말을 잘하는 사람은 없지요. 말을 잘하는 사람은 그럴 기회가 많이 주어졌거나 스스로 말을 많이 해 본 겁니다. 말 잘하는 것은 타고나는 것도, 특별한 기술이 필요한 것도 아닙니다. 많이 해 보면 됩니다. 선생님이 말을 잘하는 건 타고나서가 아니라 기회가 많기 때문입니다. 그에 반해 학생 중에서는 말하는 걸 싫어하고 두려워하는 친구가 많지요. 말을 잘하지 못하니 기회가 덜 주어지고, 기회가 와도 피합니다. 그러면 말하는 게 더 무서워지고요. 그럴수록 혼잣말을 해 보세요. 등하굣길 버스 안에서, 화장실에 앉아서, 학원 오가는 길에, 잠들기 전에 중얼중얼 말해 보세요.

혼잣말은 자기 최면 효과도 있습니다. 고등학교 다닐 때 어느 날 문득 화장실에 가서 혼잣말로 "나는 무슨 대학 무슨 학과 학생입니다."라고 되뇌었습니다. 왜 그랬는지는 지금도 모르겠습니다. 당시 화장실은 좌변기가 아니었기에 쭈그려 앉아 용변을 봐야 했습니다. 그런데 화장실에 가서 쭈그려 앉을 때마다 나도 모르게 그 말을 하게 됐습니다. 단 한 번도 예외 없이 그랬습니다. 그리고 그 대학에 들어갔지요. 매일같이 중얼거렸던 주문이 무의식중에 힘을 발휘했으리라고 나는 믿습니다.

프랑스의 약사이자 심리 치료사인 에밀 쿠에란 사람이 있었습니다. 어느 날 한 사람이 찾아와 어떤 약을 달라 해서 증상을 들어 보니 그 약은 치료에 전혀 도움이 되지 않았습니다. 그런데 막무가내로 그 약이 효과가 있다 해서 조제해 줬는데, 며칠 후 그 약을 먹고 다 나았다는 얘기를 듣게 되지요. 이를 계기로 그는 1922년 『자기 암시』라는 책을 통해 '자기 암시 이론'을 발표하게 됩니다. 자신이 믿는 대로 이루어진다는 것이지요.

믿는다는 것을 자기 자신에게 확인시켜 주는 방법은 세 가지입니다. 첫째, 믿는 바를 반복해서 말합니다. 둘째, 믿는 것을 글로 여러 번 씁니다. 셋째, 믿는 것을 써서 붙여 놓고 수시로 봅니다. 이 가운데 가장 효율적인 방법은 말하는 것입니다. 쓰는 건 너무 힘이 들고, 보는 건 효과가 덜합니다.

　　나는 글을 써야 하거나 생각을 정리해야 할 때 아내에게 말해 봅니다. 아내와 말할 수 없으면 곰 인형이라도 앞에 두고 말합니다. 이도 저도 어려우면 혼자서 말합니다. 누군가를 머릿속에 앉혀 놓고 말하면 됩니다.

　　혼잣말은 일거삼득의 효과가 있습니다. 가장 효과적인 공부 방법이자, 말 연습과 자기 암시의 기회를 제공합니다. 이 글을 다 읽었으면 잠시 눈을 감고, 혹은 방 안을 서성이며 말해 보세요. 당신의 꿈이 무엇이든 그것에 한 걸음 더 다가설 수 있습니다. ☺

Day 16
공부와 다비드상의
상관관계

요약력

공부는 요약이란 말에 동의할 것입니다. 우리는 모두 한정된 시간 안에 많은 양을 공부해야 하는 상황에 놓여 있습니다. 따라서 얼마나 핵심을 잘 찾아내고 압축해서 내 것으로 만드느냐가 관건입니다. 그런 점에서 공부는 그 자체가 요약 행위입니다. 수업 시간에 선생님 말씀을 노트 필기하거나 친구들 앞에서 발표하는 것, 시험공부할 때 중요한 곳에 밑줄 긋고 별표 치고 번호 매겨 가며 몇 가지로 정리하는 것 모두 요약입니다. 요약 능력이 있어야 공부를 잘할 수 있습니다. 마찬가지로 공부를 잘한다는 건 요약을 잘한다는 뜻이기도 합니다.

글도 써 보니 요약 능력이 절실했습니다. 글쓰기가 어려운 경우는 둘 중 하나입니다. 그 하나는 생각이 없어서이고, 다른 하나는 생각이 많아서입니다. 생각이 없는 경우는 공부와 사색을 해야 하고, 생각이 많은 경우에는 정리와 요약 능력이 필요합니다.

우리는 요약하는 글쓰기를 어릴 적부터 많이 해 봤습니다. 일기는 하루의 요약이고 독후감은 책의 요약이며 기행문도 여행의 요약입니다. 방법은 간단합니다. 머릿속에 있는 생각을 두서없이 쏟아 낸 후 정리하는 것입니다.

요약정리는 다섯 단계로 할 수 있습니다.

❶ 생각나는 대로 씁니다. 가지고 있는 것을 모두 꺼내 놓아야 합니다. 종이나 컴퓨터 화면 위에 말입니다. 그래서 내 머릿속에 무엇이 있는지 확인합니다.

❷ 내가 써 놓은 것과 관련 있는 내용을 인터넷이나 책에서 찾아 붙입니다. 출처와 함께요. 이때는 까다롭게 고르기보다 일단 눈에 띄는 내용을 모두 기록합니다.

❸ 줄입니다. 어릴 적부터 익혀 둔 요약 능력을 발휘하는 순간이지요. 우선 불필요하거나 덜 중요한 내용을 버립니다. 중복되는 것, 주제에서 벗어난 내용도 삭제합니다.

❹ 남은 내용을 비슷한 것끼리 묶습니다.

❺ 뭉친 덩어리를 배열합니다.

이렇게 눈으로 보면서 정리하면 됩니다. 대다수 사람이 머릿속에서 정리한 후 글을 쓰려고 합니다. 그런데 정리가 쉽게 되지 않습니다. 보이지 않는 걸 정리하는 건 어렵기 때문입니다. 깜깜한 어둠 속에서 더듬거리지 말고 밝은 곳에서 보면서 요약해 보세요.

나의 요약 능력은 몇 단계에 걸쳐 향상됐습니다. 그렇게 향상된 요약력으로 기업 회장과 대통령의 연설문을 쓸 수 있었지요. 가장 낮은 수준은 압축하는 것이었고, 그다음은 맥락을 읽는 것이고, 끝으로 배경을 파악하는 것입니다. 대통령의 말을 1시간 듣고, 들은 내용을 15분짜리 연설문으로 쓰는 게 '압축'입니다. 대통령이 말하지 않은, 말의 빈칸을 채우는 게 '맥락 읽기'이고요. 대통령이 그 말을 하는 이유나 취지, 의도를 알아채는 게 '배경 파악'입니다.

누군가의 말을 들을 때 용건뿐 아니라 그렇게 말하는 맥락과 배경을 파악할 수 있어야 제대로 들은 것이고, 그랬을 때 그것에 관한 글을 잘 쓸 수 있습니다. 그러니까 요약을 잘한다는 것은 중요한 것의 발췌를 넘어, 줄거리와 요지를 넘어, 주제와 핵심과 본질을 넘어, 배경과 맥락을 넘어, 취지와 의도를 넘어, 속셈과 저의까지 파악하는 것 아닐까 싶네요.

말을 잘하지 못하는 것도 요약 능력과 관련이 있습니다. 표현하려면 머릿속에 뭉쳐 있는 실타래를 한 줄씩 풀어내야 합니다. 그러지 못하면 입구에서 병목 현상이 일어납니다. 머릿속에 든 게 많을수록 더 그렇습니다. 아는 게 많은 사람이 말할 때 버벅대는 것도 이 때문입니다. 머릿속에는 오만 가지 생각이 들어 있는데, 취사선택이 안 되는 것입니다. 버릴 것을 버리고 비슷한 건 합쳐야 하는데 말이죠. 버리기가 쉽지 않습니다. 아까워서요. 합치는 것도 만만치 않습니다. 유형화하는 역량이 필요하니까요. 하지만 버리고 합했을 때 비로소 말할 수 있습니다.

나는 양이 질을 만들어 낸다고 믿습니다. 양을 확보하면 질 좋은 결과물을 만들어 낼 수 있습니다. 양을 확보하는 것은 어렵지 않은 세상입니다. 문제는 요약력입니다. 확보한 양을 질로 바꿔 낼 수 있는 능력이 필요하고, 그것이 바로 요약력이지요. 글이나 말만 요약의 대상은 아닙니다. 현상이나 사건, 사태 모두 그 대상입니다. 어떤 사건이 일어나거나 사태가 벌어졌을 때, 그것의 본질을 파악해 한두 마디로 규정하고 정의할 수 있는 능력도 요약력입니다.

요약 능력이 있는 사람은 세 가지를 할 수 있습니다.

첫째, 중요한 것을 발췌하거나 불필요한 것을 솎아 낼 수 있습니다. 그러니까 요약은 '버리기' 또는 '고르기'라고 할 수 있지요. 나는 고르기 쪽입니다. 중요한 문장이나 주제를 찾아 거기에 밑줄을 긋습니다. 하지만 버리는 것도 방법입니다. 불필요하거나 중요하지 않은 것을 버리다 보면 요점이 드러나니까요. 이탈리아 르네상스 시대의 천재적 예술가 미켈란젤로가 그 유명한 다비드상을 조각할 때 그랬다지요. 큰 돌덩이를 앞에 두고, 머릿속에 그리고 있는 다비드가 아닌 부분을 정으로 다 쪼아 내니 다비드상이 완성됐다고요.

둘째, 전체 내용을 짧게 압축하거나 몇 가지로 정리할 수 있습니다.

셋째, 내용의 주제 의식이나 핵심 메시지를 뽑아낼 수 있습니다. 글에 제목을 붙이거나 모호한 개념을 명료하게 명명하거나, 하는 일의 의미와 목적을 추출하거나, 사람의 특징을 잡아 이름을 붙이는 것도 이 경우에 해당합니다.

영화 감상에 빗대어 얘기해 볼까요? 영화를 보고 가장 인상적인 장면을 말하는 것은 중요한 것에 밑줄 긋는 '발췌 요약'이고, 1시간 30분짜리 영화를 1분 동안 말하는 것은 '줄거리 요약'입니다. 이 영화는 한마디로 이런 영화라고 규정하는 '정의 내리기 요약'도 있지요. 나아가 영화감독이 전하고자 하는 메시지를 말하는 '주제 파악 요약'도 있습니다.

그런데 요약을 잘하려면 어떻게 해야 할까요?

먼저 나는 책의 목차를 유심히 봅니다. 목차는 책 한 권을 요약해 놓은 것이거든요. 책을 읽으며 공부한다는 건 머릿속에 책의 전체 구조를 그리는 과정이기도 한데, 바로 그 구조를 보여 주는 게 목차입니다.

대학에 들어가서 첫 여름 방학을 맞아 고향 전주에 내려갔어요. 내 방에 누워 있다가 몇 달 전까지 보던 고등학교 사회 교과서가 눈에 띄었습니다. 갑자기 '저 내용이 무엇이었더라?' 궁금해지는 거예요. 일어나서 책의 목차를 봤지요. 그때 처음으로 알았어요. 사회 과목이 이런 내용으로 구성되어 있다는 것을요. 고등학교 내내 읽었지만 그 책의 구조는 처음 본 셈이죠. 가장 중요한 목차를 건너뛰고 곧장 본문으로 들어가 들입다 외웠던 것입니다. 숲은 안 보고 나무만 더듬더듬 만지면서 공부한 거죠.

읽을 때도 요약 훈련을 합니다. 우선 글의 제목을 보고 내용을 예상해 봅니다. 글의 내용을 유추해서 요약해 보는 것입니다. 글을 읽고 나서도 잠시 반추해 봅니다. '방금 읽은 내용이 뭐였지?' 하고요. 이때 떠오르는 내용이 있습니다. 그게 바로 요약한 내용입니다. 단어가 떠올랐건, 한 문장이 떠올랐건, 아니면 줄거리가 떠올랐건, 그 글을 쓴 사람의 의도나 주제 의식이 파악됐건 말이죠.

또 다른 방법은 글쓰기입니다. 글쓰기는 요약의 역순입니다. 읽기와 듣기는 많은 것을 줄이는 일이고, 쓰기는 키워드나 주제를 주면 늘리는 일입니다. 글쓰기를 많이 해서 늘려 본 사람은 역으로 줄이는 요약을 잘할 수밖에 없지요.

●●

지금은 지식 정보 시대입니다. 넘쳐 나는 지식과 정보를 선별하고 요약하는 능력이 중요합니다. 어떻게 요약하느냐에 따라 전혀 다른 결과물이 나오지요. 그런 점에서 요약은 제2의 창조이기도 합니다. 여러분의 '다비드상'을 조각해 보세요. ☺

Day 17
스마트폰 시대,
암기는 더 이상 필요 없을까?

[기억력]

내가 학교 다니던 시절엔 세 가지만 잘하면 공부 잘한다는 소리를 들었습니다. 이해, 요약, 암기입니다. 선생님 말씀이나 교과 내용을 잘 이해하고, 중요한 것을 추려 내고, 머릿속에 저장하면 됐습니다. 선생님은 "외우려 하지 마라. 이해하면 된다."라고 하셨지만 이해만으로는 시험을 잘 볼 수 없었습니다. 기억해야 했고, 그래서 암기력이 중요했습니다.

기억력은 성실성의 척도였습니다. 인터넷이 없던 시절이었으므로 지식과 정보를 기억하는 게 중요했습니다. 검색해 볼 데가 자기 머릿속밖에 없었으니까요. 아무리 책을 많이 읽고 들은 게 많아도 기억에서 불러내지 못하면 소용없었습니다. 그래서 전화번호, 노래 가사 등을 줄줄 외우고 다녔지요.

지금은 어떤가요. 나는 아내 휴대 전화 번호 말고는 기억하는 번호가 없습니다. 아들 번호도 연락처에서 찾아봐야 합니다. 여러분도 그렇지 않은가요? 굳이 기억할 필요가 없어졌기 때문입니다. 모든 게 휴대 전화 안에 있습니다. 정보가 필요하면 휴대 전화를 봅니다.

그러다 보니 이제는 휴대 전화 없이는 아무 일도 못 하게 됐습니다. 생업인 강의에도 문제가 생겼습니다. 파워포인트 화면이 없으면 강의할 내용이 생각나지 않았습니다. 50대 초반에는 이대로 가면 알코올성 치매가 올 수 있다는 판정도 받았습니다. 그때부터 보지 않고 말하는 훈련을 했습니다. 지금은 머릿속 기억만으로 말합니다. 간혹 묻는 이가 있습니다. 어떻게 2시간 동안 아무것도 보지 않고 말할 수 있느냐고 말이죠.

그런 분에게 나는 이렇게 기억한다고 말해 줍니다.

우선, 기억에도 선택과 집중이 필요합니다. 매일 평일 오후 라디오 프로그램을 진행합니다. 한 사람을 30분 동안 인터뷰하는 프로그램입니다. 날마다 하다 보니 불과 한 달 전에 인터뷰한 분과의 대화도 가물가물합니다. 아마도 인터뷰가 끝나면 기억에서 깨끗이 지우나 봅니다. 아내는 그런 내게 참 청순한 뇌를 가져서 좋겠다고 놀립니다. 하지만 아내는 모릅니다. 내가 강의 분야에 관해서는 얼마나 또렷한 기억력을 가졌는지 말입니다. 나는 기억할 것만 기억합니다.

　　관심도 중요합니다. 주목하지 않은 것은 기억하기 어렵습니다. 돈을 빌려 간 사람은 기억 못 해도, 돈을 빌려준 사람은 결코 잊지 않습니다. 자기 돈에 대한 관심 때문이죠. 기억하기 위해서는 관심을 기울여야 합니다. 특히 우리 뇌는 자기와 관련 있는 걸 잘 기억합니다. 나는 글쓰기, 말하기에 관한 지식이나 정보를 잘 기억합니다. 그것이 내게는 중요하고 자기 연관성이 높은 주제이기 때문입니다. 나는 글을 쓰고 말하는 일로 돈을 버니까요. 하지만 평소 관심이 없는 것은 거의 기억하지 못합니다. 그래서 자기만의 관심 주제를 갖는 건 중요합니다. 그뿐 아니라 관심 대상을 점차 넓혀 가는 노력도 필요합니다. 미국의 작가 데일 카네기도 이렇게 말했습니다.

　　"훌륭한 기억력을 지닌 사람들의 공통점은 사물을 주의 깊게 관찰하는 사람이며, 그것에 집중하고 훈련하는 사람이다. 어떤 사물에 대하여 열심히 알려고 하면 할수록 그 사물은 더욱 잘 기억된다. 그것은 진리이다."

　　시각화해서 외우려는 노력도 합니다. 나는 흰 용지를 늘 가방에 넣고 다닙니다. 카페나 열차 안에서 강의할 내용을 써 보기 위해서입니다. 내가 쓴 단어에 동그라미를 치고, 단어와 단어 사이에 화살표도 긋습니다. 낙서하듯 그림 그리듯 끼적거립니다. 종이 위에 쓴 내용은 글자인 동시에 한 장의 그림입니다. 나는 그것을 눈으로 외웁니다. 외워야 할 내용을 도식화해 시각적으로 외우면 기억이 잘 납니다. 여러 색의 필기도구를 쓰거나 형광펜으로 색칠하면 더 효과적입니다. 학창 시절 시험 시간에 내용은 떠오르지 않지만 그 내용이 있었던 위치는 기억 나곤 했습니다. '오른쪽 페이지 위쪽 사진 아래' 이렇게 말이죠. 미국의 언론인 조지프 퓰리처가 그랬습니다.

"그림같이 써라. 그러면 기억 속에 머물 것이다."

범주화도 자주 쓰는 방법입니다. 강의할 내용을 비슷한 것 끼리 묶는 일을 늘 합니다. 이렇게 덩어리가 생기면 각 덩어리의 키워드를 뽑은 뒤에 순서를 부여합니다. 그러면 강의의 이정표가 만들어집니다. 그런 후 세 가지만 외우면 됩니다. 덩어리 가짓수, 각 덩어리의 키워드, 키워드 순서입니다. 강의할 때 키워드를 떠올리면 거기에 달린 내용이 줄줄이 엮여 나옵니다. 우리 뇌는 내용을 의미 있게 묶는 과정을 통해 기억합니다. 이렇게 묶는 과정을 '청킹(Chunking)'이라고 하지요. 학창 시절 공부는 이런 청킹 작업이 아니었나 싶습니다.

복습 또한 기억을 위한 핵심 도구입니다. 독일의 심리학자인 헤르만 에빙하우스는 "사람은 학습 후 10분이 지나면 망각하기 시작해서 1시간이 지나면 50퍼센트, 하루 뒤에는 70퍼센트, 한 달 후에는 80퍼센트를 잊게 된다."라고 했지요. 이게 그 유명한 '에빙하우스의 망각 곡선'입니다. 그는 다행히 이에 대한 해결책도 제시해 주었죠. 바로 복습입니다. 학습 후 10분 뒤에 복습하면 하루 동안 기억을 유지할 수 있고, 하루 뒤에 두 번째 복습을 하면 일주일, 일주일 뒤에 세 번째 복습을 하면 한 달간 기억을 지속할 수 있다고 합니다.

내가 쓰는 복습 방법은 세 가지입니다. 자주 떠올려 보는 게 첫 번째 방법입니다. 머릿속으로 상기해 보는 것입니다. 이는 주로 산책하거나 차를 타고 이동하면서 합니다. 또한 잠들기 전에 다음 날 강의할 내용을 더듬어 보기도 합니다. 이런 상기보다 더 좋은 복습 방법은 말해 보기입니다. 열 번 떠올리는 것보다 한 번 말해 보는 것이 더 효과적입니다. 내가 아는 내용을 말하는 순간, 그것은 이야기가 되고 사람은 이야기를 잘 기억합니다. 여기서 한 걸음 더 나아가, 써 보면 기억은 확고해집니다. 그래서 나는 늘 메모합니다. 잊었을 때 찾아보기 위해서 하는 게 아닙니다. 메모한 것은 글을 쓰거나 말해야 할 때 잘 기억나기 때문입니다.

방금 읽은 내용을 글로 써 보는 것도 좋습니다. 처음에는 짧은 글을 읽고 그 내용을 복원해서 글로 옮겨 보고, 다음에는 좀 더 긴 글을 읽은 후 글을 써 보는 식으로 글의 분량을 점차 늘려 가는 거죠. 이래야 자기 것이 되고 기억이 됩니다.

공부한 내용을 장기 기억으로 남기는 방법들이 많습니다. 그 가운데 군터 카르스텐이 쓴 『어떻게 기억할 것인가』갈매나무, 2020에 나온 'PQ5R'의 7단계 암기법을 소개하고자 합니다.

PQ5R 7단계 암기법

---

❶ **미리 보기(Preview)**: 전체 내용을 빠르게 훑어본다.

❷ **질문하기(Question)**: 내용에 관해 의문을 가지고 질문지를 작성해 본다.

❸ **읽기(Read)**: 질문을 바탕으로 내용을 확인하며 읽는다.

❹ **생각하기(Reflect)**: 읽은 내용의 의미를 반추해 보고, 이를 다른 내용에 연결하거나 관련 사례나 비유를 찾아본다.

❺ **낭독하기(Recite)**: 내용을 보지 않고 말해 본다.

❻ **정리하기(Recapitulate)**: 요점을 간결하게 정리한다.

❼ **다시 떠올리기(Repeat)**: 적절한 시간 간격을 두고 복습한다.

이제 기억력이 필요 없는 시대가 된 것일까요? 그렇지 않습니다. 암기력은 여전히 유효합니다. 기억하는 게 많을수록 상상력이 풍부해집니다. 기억하고 있는 내용이 상상과 유추의 실

마리를 제공해 주기 때문입니다. 기억은 필요한 내용을 어디서 찾아야 할지 단서를 줍니다. 어느 책에 그 내용이 있는지, 누구에게 들었는지 기억이 나면 그 내용을 찾기 쉽지요. 또한 기억은 꼬리에 꼬리를 물고 생각하는 실마리가 되기도 합니다. 모든 것은 기억에서 출발합니다. 기억이 빈약하면 막막하고 막연합니다. 통찰력 역시 기억에서 비롯됩니다. 영감은 하늘에서 떨어지지도, 맨땅에서 솟아나지도 않습니다. 기억하는 것들이 서로 융합하여 만들어집니다.

과거에는 기억한 것 자체를 써먹었습니다. 재가공하지 않아도 기억만 많이 갖고 있으면 시험을 잘 볼 수 있었지요. 기억하고 있는 내용을 말하고 쓰면 유식하고 똑똑해 보였습니다. 이젠 기억하는 내용 자체로는 큰 의미가 없습니다. 노트북만 켜면 누구나 가질 수 있기 때문입니다. 그 누구도 인터넷 포털 사이트만큼 기억력이 좋진 못하니까요. 기억 내용을 가공할 수 있어야 합니다. 말하기와 글쓰기가 그 가공 과정입니다. 기억 내용을 연결하고 결합해 보는 과정이 글쓰기와 말하기이지요.

공부는 기억하고 있는 조각들을 조합해 보는 과정이기도 합니다. 기억의 티끌이 많으면 태산도 만들 수 있습니다. 하지만 조합할 수 있는 기억이 빈약하면 공부가 빈곤해질 수밖에 없습니다. 그때그때 찾아보는 것만으로는 공부가 진척을 이루기 어렵지요. 그러니 기억력으로 머릿속에 축적해야 합니다. 여러분 누구나 기억하려고 노력하면 기억할 수 있습니다. 자신의 기억력을 믿으세요. ☺

Day 18
질문하는 사람은
빛이 난다

질문력

고등학교 다닐 적, 「하버드 대학의 공부벌레들」이란 인기 TV 드라마가 있었습니다. 하버드 대학교 법과 대학원생들의 공부 분투기였습니다. 소크라테스식 문답법 수업으로 악명 높은 킹스필드 교수가 주인공으로 나오는데, 그가 첫 수업 시간에 이렇게 말합니다.

"내가 던지는 질문들이 여러분의 뇌를 속속들이 검사할 것이다. 때론 답을 알 것 같은 질문도 있겠지만, 그건 완전한 착각이다. 나는 여러분이 모른다고 말할 때까지 물을 것이다. 이것은 뇌 수술이다."

공부 얘기에 질문이 빠질 수 없습니다. 우리는 왜 학교에 가나요? 모르는 걸 알기 위해서입니다. 모르는 걸 알기 위해서는 어떻게 해야 하죠? 물어야 합니다. 질문해야 하지요.

그렇다면 질문한다는 것은 무엇일까요?

- **모르는 것을 묻는다:** 그것이 지식이건 정보이건 간에 알고 싶어 하고 알려고 노력하고 알았을 때 기분이 좋아진다.
- **매사에 의문을 갖는다:** 그냥 넘어가지 않고 대충 지레짐작하지 않는다. "저게 왜 저렇지?" 묻는다.
- **반문한다:** 누군가 "이렇다."라고 말하면 "저럴 수도 있지 않나요? 나는 그렇게 생각하지 않는데요?" 하며 되묻는다.
- **자문자답한다:** '이것에 관한 내 의견은 뭐지?', '누가 이것에 대해 어떻게 생각하느냐고 물어보면 어떻게 답하지?' 하는 식으로 자기만의 관점, 시각, 해석을 가지려고 한다.
- **성찰한다:** '나는 누구인가.', '오늘 죽는다면 무엇을 할까.'와 같은 질문을 스스로 한다.

이런 질문을 자기만의 관점과 시각을 갖는 데 활용해 보겠습니다. 단계는 질문 → 의문 → 반문 → 반론 순입니다. 우선 상대의 의도나 취지를 정확히 알기 위해 질문합니다. 그렇게 해서 알게 된 상대 생각에 대해 의문을 가집니다. 의문을 갖고 뒤집어 생각해 보고 과연 그것이 맞나, 다른 방법이나 더 나은 길은 없는지 묻습니다. 나아가 반문합니다. 이런 방법이 더 좋은 것 같은데? 이렇게 생각해 볼 수도 있는데? 통념이나 고정 관념이란 관성에서 벗어나려고 애씁니다. 그리고 마지막으로 반론합니다. 반문에 그치지 않고 자기 생각을 논리적으로 만들어 보는 것이죠. 이 과정을 거쳐 자기만의 관점과 시각을 완성해야 합니다.

●●

그런데 왜 우리는 질문하지 않을까요?

첫째, 모른다는 걸 들키지 않기 위해서입니다. 누군가에게 물었는데, "너는 그것도 모르니?", "뭐 그렇게 허접한 질문을 해?" 이런 소리를 들을까 봐 두려워서 그렇지요. 모르는 건 부끄러운 일이 아닌데도 말입니다. TV나 라디오 진행자는 알면서도 질문합니다. 시청자나 청취자 중에 모르는 사람이 있으니까요. 마찬가지로 교실 안에도 모르는 친구가 있습니다. 그런 친구를 위해 대신 물어봐 줄 순 없나요? 창피를 무릅쓰고 물어봐 주면 다른 친구에게 도움이 되지 않을까요?

얼마 전 어느 선생님에게 충격적인 얘기를 들었습니다. 학생들이 수업 시간에 질문을 하지 않는다는 거예요. 그래서 내가 우리 때도 그랬다고 했더니 선생님 말씀이 어떤 학생들은 수업 시간이 아닌 쉬는 시간에 와서 질문한다는 겁니다. 왜 그러냐고 했더니 자기만 알려고 그런다고 합니다. 친구들 있는 데서 질문하면 모두가 알게 되니까요. 요즘 교실이 정말 그런가요?

둘째, 가르쳐 준 사람의 말을 잘 이해하지 못해서 되묻는 것일까 하는 우려 때문입니다. 노무현 대통령의 연설문을 쓸 때입니다. 2006년 신년 연설문이었는데요, 대통령께서 "개해 복 많이 받으세요." 이렇게 써 주신 거예요. 그해가 개띠 해였거든요. '그래도 그렇지….' 하며 좀 이상했지만 묻지 않았어요. 대통령께서 "개띠 해에 '개해'라고 하지 그럼 뭐라 합니까?" 이렇게 말씀하실까 봐서요. 나중에 알고 보니 '새해'의 오타였어요. 컴퓨터 자판의 'ㄱ'과 'ㅅ'이 나란히 있잖아요. 그래서 잘못 친 거죠. 다행히 바로잡긴 했지만 그때 느낀 게 있어요. 질문은 용기를 필요로 한다는 것이요.

셋째, 우리의 뇌가 '인지적 구두쇠'이기 때문입니다. 뇌는 생각하기를 싫어합니다. 가급적 지레짐작, 어림짐작으로 대충 넘어가려고 합니다. '휴리스틱(Heuristic)'이라고 하죠. 꺼림직하지만 귀찮아서 그냥 지나치려 합니다. 질문으로 두드려 보지 않고요.

넷째, 질문으로 상대를 불편하게 하거나 관계가 나빠질까 봐 그렇습니다. 상대가 모르는 걸 묻거나 답변이 곤란한 걸 물어서 상대를 궁지에 몰지 않을까, 그래서 그와 관계가 나빠지지 않을까 걱정하는 거죠.

다섯째, 의문이나 반문 형식의 질문이 상대를 화나게 할 수도 있다는 우려 때문입니다. 의문을 제기했을 때 "나를 그렇게 못 믿습니까?"라며 불쾌해할 수도 있고, 이의를 제기하면 "당신이 그렇게 똑똑해?"라고 공격해 올 수도 있으니까요. 그래서 '무주의 맹시(시야에 있지만 주의를 기울이지 않아 사물을 간과해 버리는 현상)' 상태에 빠집니다. 주의를 아예 기울이기 싫은 거죠. 못 본 척하며 살고 싶은 거예요. 쥐 죽은 듯이 없는 사람처럼 조용히 있고 싶은 겁니다. 자기 존재를 드러내지 않고요. 질문한다는 건 모난 돌이 되기를 자처하는 일입니다. 그런 위험을 감수하는 것이고요.

이 밖에도 학습 자체에 관심이 없거나, 질문을 어떻게 해야 할지 방법을 몰라서, 혹은 듣고 있는 내용도 소화하기 어려워 질문하지 못하는 경우도 있습니다. 내가 학교 다닐 적만 해도 수업 끝날 때 선생님께서 형식적으로 묻곤 했지요.

"질문 있나요?"

그게 전부였습니다. 질문하는 사람도 없었고요. 이때 질문하면 친구들이 눈총을 줬으니까요. 질문도 습관입니다. 해 본 사람이 잘할 수 있지요. 그래서 질문도 하는 사람만 합니다. 나이를 먹으면서 새록새록 절감하는 게 질문의 어려움입니다.

질문하려면 우선 관심이 필요합니다. 관심이 있어야 궁금해지고, 궁금해지면 의문을 품게 돼 질문합니다. 애정과 열정도 있어야 합니다. 사랑하면 궁금합니다. 좋아하는 사람을 떠올려 보면 그렇습니다. 상대에 대해 알고 싶어집니다. 끊임없이 질문합니다. 잘하고 싶은 열정이 있어도 질문합니다. 어떻게 하면 좀 더 잘할 수 있는지, 문제는 없는지 묻습니다. 용기도 필요합니다. 모르는 걸 모른다고 말하는 용기, 관계가 어색해지는 걸 감수하며 반문하는 용기 말입니다. 관심, 애정, 열정, 용기의 결과물이 질문입니다.

피해야 할 질문도 있습니다. 상대의 수준에 맞지 않는 질문, 자기 생각을 장황하게 밝히고 그에 관해 묻는 질문, 단답형이나 선다형 질문, 판단이나 결정을 내린 후 상대 반응을 떠보기 위한 질문, 정해진 답을 유도하는 질문 등입니다.

●●

어른이 됐다는 건 질문할 줄 아는 사람이 됐다는 의미입니다. 다른 사람이 미처 생각하지 못한, 혹은 놓치고 있는 것을 짚어서 물어야 합니다. 사람들이 모르는 것을, 궁금해하는 것을 대신 물어 줘야 합니다. 또한 물어봄으로써 상대가 다른 방향으로 생각할 수 있는 힘을 기를 수 있게 합니다. 그게 윗사람이 할 일이고, 그 사람의 실력입니다. 학교에서는 선생님의 질문 수준이 학생의 사고 수준을 결정하지요.

지금도 미스터리인 사건이 있습니다. 우리 사회에서 가장 똑똑하다는 기자들, 학교에서 공부를 가장 잘했다는 기자들, 질문하는 것이 본업인 기자들이 질문하지 않았습니다. 2010년 'G20 서울 정상 회의'가 끝나고 버락 오바마 전 미국 대통령이 개최국인 한국 기자들에게만 질문할 기회를 줬습니다. 우리 기자들은 끝내 질문하지 않았습니다. 한국말로 해도 된다고까지 했지만, 끝까지 하지 않고 버텼습니다.

학습이 잘된 결과일까요? 우리 사회는 궁금해지면 위험합니다. 질문하는 사람은 다른 이의 생각에 의문을 품거나 의심하는 사람, 믿음이 부족한 사람, 뒤를 캐고 다니는 사람이 됩니다. 받아 적는 게 장땡입니다. 밑줄 쫙쫙 긋고 번호 매기고 다른 사람의 의중을 잘 파악하는 게 중요합니다. 묻는 사람은 하수로 취급받습니다. 지금까지는 그랬습니다.

강의하러 중·고등학교에도 가고 대학교에도 갑니다. 질문하는 사람이 가장 빛나 보입니다. 그런 학생을 볼 때 우리나라의 장래가 밝다고 생각합니다. 질문해야 합니다. 불이익을 감수

하고 위험을 무릅쓰고 질문해야 합니다. 여러분의 질문을 기다리겠습니다. ☺

Day 19
생각할 틈을 만들어 보자

[사고력]

공부, 글쓰기, 말하기를 하는 데 꼭 필요한 것 하나만 꼽으라면 무엇일까요? 바로 '생각하기'입니다. 공부를 하든, 글을 쓰든, 말을 하든 그 바탕에는 생각이 있습니다. 생각이 있고 그걸 표현할 줄 아는 사람이 있는가 하면, 생각은 있지만 표현이 안 되는 사람, 그리고 생각 자체가 없는 사람이 있습니다. 어떤 경우든 생각이 먼저입니다.

주입식 교육은 생각할 틈을 주지 않습니다. 당연히 생각하는 능력, 즉 사고력이 키워지지 않지요. 생각은 거저 만들어지지 않습니다. 생각을 챙겨야 합니다. 그냥 생각이 나기도 하지만, 그것도 무언가를 했을 때 가능합니다.

나는 생각하기 위해 여러 노력을 합니다. 우선 하루 세 번 생각하는 시간을 갖습니다. 아침에 반신욕을 하며 생각하고,

산책하며 생각합니다. 그리고 잠들기 전에 생각합니다.

둘째, 꼬리에 꼬리를 무는 연상을 자주 합니다. 공부를 왜 해야 하지? 한다면 어떤 공부를 해야 하지? 안 하면 무슨 문제가 있지? 하면 뭐가 좋아? 생각이 꼬리에 꼬리를 뭅니다. 원인과 결과라는 인과 관계를 따져 생각해 보기도 하고요. 지하철이나 버스 탈 때 이런 연상이 잘됩니다.

셋째, 내 머릿속에 있는 여러 생각의 조각들을 연결하고 조합해서 생각해 보기도 합니다. 어렸을 적 레고 블록 조각을 갖고 놀았듯 말입니다. 이때 생각하기는 놀이가 됩니다.

넷째, 과거 기억을 떠올려 보는 것도 자주 하는 일입니다. 학창 시절과 직장 생활 때 일어났던 사건이나 사고, 그때 만났던 사람들을 떠올려 보는 것입니다. 이때 뇌의 신경 세포가 연결되어 새로운 회로가 생깁니다. 이런 회로는 반복해야 생겨나고, 사용하지 않으면 쇠퇴하는 특징이 있지요. 그러므로 기억을 자주 떠올려 보는 건 중요합니다.

다섯째, 생각 종류에 따라 접근을 달리하는 것입니다. 고차원적이고 미래지향적인 생각을 해야 할 때는 편안하고 안정적인 여건에서 '대뇌 피질'을 활용하고, 시급하고 위험한 상황에서 탈피하는 데 필요한 생각은 '뇌간'을 사용해 임기응변하는 거죠.

이 밖에도 내게는 생각 도구들이 많습니다.

❶ **말하기:** 말하다 보면 생각이 나고 정리됩니다. 말할 상대가 없으면 독백이라도 해 봅니다. 말하기 전보다 좋은 생각이 떠오릅니다. 뇌가 말하기 위해 생각하기 때문입니다.

❷ **메모:** 나는 생각나는 거의 모든 걸 메모합니다. 메모하지 않으면 뇌는 생각하지 않습니다. 메모는 생각하는 뇌를 칭찬하고 격려해 주는 일입니다.

❸ **습관:** 뇌는 생각하기를 싫어합니다. 그러나 습관에는 집니다. 나는 생각할 일이 있으면 산책하거나 반신욕을 합니다. 늘 가는 산책로에 접어들거나 몸을 물에 담그면 생각하기 시작하지요. 생각의 트랙 위에 나를 올려놓기만 하면 됩니다.

❹ **상상:** 머릿속으로 가상 시나리오를 써 보거나, 시뮬레이션해 봅니다. 브레인스토밍도 해 보고 마인드맵도 그려 봅니다. 이를 통해 상상을 구체화합니다.

❺ **관계:** 나는 생각이 나지 않으면 사람을 만납니다. 만나서 이야기를 나누다 보면 좋은 생각이 떠오릅니다.

❻ **질문:** 뇌는 묻지 않으면 대답하지 않습니다. 생각은 질문에 대한 답입니다. 사유는 내가 묻고 내가 답하는 자문자답 과정입니다. 나는 적어도 나에게 하루에 하나 "이것에 관해 어떻게 생각해?"라고 물으려고

노력합니다.

❼ **축적:** 싸락눈은 쌓이지 않습니다. 땅에 닿자마자 녹아 없어지니까요. 함박눈이 와야 합니다. 생각 위에 생각을 쌓으려면 일정 기간 생각에 집중해야 합니다. 생각의 덩어리가 만들어지면 표면적이 생기고 여기에 생각이 와서 붙습니다.

❽ **감정:** 나는 들떠 있을 때보다는 우울할 때 좋은 생각이 납니다. 바쁠 때보다는 심심할 때, 초조할 때보다는 여유가 있을 때 창의적인 생각이 떠오릅니다. 이렇게 나는 생각이 필요한 때, 생각이 잘 나는 감정 상태에 나를 갖다 놓습니다.

❾ **모방:** 칼럼을 읽고, 동영상 강의를 듣고, 관련 책의 목차를 봅니다. 남의 글을 읽고 말을 들으면 내 생각이 만들어집니다. 다만 스스로 먼저 생각해 보는 게 중요합니다. 문제를 풀어 본 후 정답지를 보고 맞춰 봐야 공부 효과가 있듯이요.

❿ **실행:** 수학 시간에 선생님이 문제 푸는 걸 뚫어지게 봅니다. 선생님 얘기를 따라가다 보면 모두 이해가 됩니다. 그런데 막상 내 손으로 풀려고 하면 안 풀렸지요. 눈이나 귀로 하는 공부보다는 손으로 하는 공부가 진짜 공부입니다. 어떤 공부를 어떻게 할까 생각하지 않고 일단 시작해야 합니다. 하다 보면 생각이 만들어집니다.

⓫ **타협:** 보수와 진보, 명분과 실리, 현실과 이상, 이론과 실제 등 양측의 입장과 주장을 생각해 보고, 어느 지점에서 타협하는 것입니다. 그 타

협점이 내 생각이 됩니다.

⑫ **자성:** 자기 태도나 행동을 스스로 반성합니다. 독단이나 편견에 사로 잡히지 않기 위해 내가 남에게 지적하는 내용을 나는 범하고 있진 않은지 반성적 사고를 하는 것입니다.

⑬ **협력:** 함께 생각해 봅니다. 청와대 연설 비서관 시절, 행정관들과 늘 모여 앉아 함께 생각을 맞춰 봤습니다. 불가에서 함께 공부하는 벗을 '도반(道伴)'이라고 하지요? 도반과 함께하면 생각하는 일이 힘들지 않고 재미난 놀이가 됩니다.

⑭ **관점:** 다양한 관점으로 보면 생각이 만들어집니다. 깊이 들여다보면 본질이나 원리를 깨닫게 됩니다. 멀리 내다보면 예상하고 전망할 수 있습니다. 다각도로 보고, 구조를 보고, 트렌드나 패턴을 보고, 익숙한 걸 낯설게 보고 남과 다르게 볼 때 좋은 생각이 떠오릅니다.

⑮ **근거:** 내 생각을 검증할 때 세 가지 근거를 들이대 봅니다. 사실·이론·경험 근거가 그것입니다.

⑯ **목적:** 어떤 일을 하는 목적을 생각해 봅니다. 목표도 정해 봅니다. 목표를 이루기 위해 무엇을 어떻게 해야 하는지 생각해 봅니다.

⑰ **문제:** 일어난 문제에 대한 해법이나 개선책을 찾으려고 합니다. 예상되는 문제에 관한 대비책을 생각합니다. 문제가 없는 때는 없습니다. 하지만 문제가 있으면 반드시 답도 있습니다. 문제의식만 있으면 해결책도 찾을 수 있습니다.

⑱ 경험: 판단하거나 선택하거나 결정할 일이 있을 때 나의 선행 경험을 불러옵니다. '그 일이 어떤 결과를 낳았지?', '그때 내가 배운 건 뭐였지?' 자문하면 선험에서 얻은 교훈이나 시사점이 내 생각의 방향 표지판 역할을 합니다.

여러분의 생각 도구는 무엇인가요? ☺

Day 20
문해력의 열쇠는
어휘력에 있다

어휘력

2007년 10월 3일, 평양 외곽 백화원 영빈관에 있었습니다. 제2차 남북 정상 회담을 위해 북한에 온 노무현 대통령이 이곳에 묵고 있었지요. 나는 평양 방문 첫째 날은 수행원 숙소인 보통강 호텔에서 묵고, 이튿날 대통령 연설문을 쓰기 위해 백화원 영빈관에 갔습니다. 정상 회담을 마친 대통령이 서울로 돌아오는 길에 하는 '남북 정상 회담 결과 보고' 대국민 연설문을 쓰기 위해서였습니다. 청와대에서 대통령 연설문을 쓴 지 8년째였지만, 이때 가장 긴장했지요. 다름 아니라 온라인 국어사전을 북한에서는 볼 수 없었기 때문입니다.

나는 글 쓸 때마다 가장 먼저 온라인 국어사전을 엽니다. 내 머릿속에 생각난 단어를 쓰지 않습니다. 떠오르는 단어를 국어사전에 쳐 보고 유의어 중에 더 맞는 단어를 찾아 씁니다.

영국 작가 조지 오웰이 그랬다지요. 딱 맞는 단어와 적당히 맞는 단어는 번갯불과 반딧불 차이라고요. 딱 맞는 단어를 찾았을 때 짜릿한 기쁨을 맛봅니다. 그 순간 내 글이 좋아지고 나의 어휘력이 향상되지요.

온라인 국어사전을 볼 수 없었기에 평양에서 쓸 단어의 유의어를 미리 찾아 들고 갔습니다. 예를 들어, '말했다'와 비슷한 말 '밝혔다', '언급했다', '설명했다', '강조했다', '토로했다', '운을 뗐다', '반박했다', '공감했다' 등을 찾아 갔던 것이지요.

저녁 식사 시간 무렵 백화원 영빈관에 도착해서 정상 회담 결과를 듣고 연설문 작업을 시작했습니다. 새벽 5시까지 대통령께 연설문을 전달해야 했기 때문에 시간이 없었습니다. 무엇보다 이 낱말과 저 낱말 사이에서 방황할 시간이 없었지요. 서울에서 들고 간 유의어가 결정적인 도움이 됐습니다. 덕분에 연설문 작업을 무사히 마칠 수 있었습니다.

어휘력이 좋다는 건 무슨 의미일까요? 우선 단어의 뜻을 아는 거죠. 이것은 대부분의 경우 문제가 없습니다. 어휘력은 또한 유의어를 많이 떠올리고, 맞는 단어를 찾아내는 능력입니다. 떠올리지 못하면 찾아내지도 못하죠. 일차적으로 떠올려야 하고 떠올린 단어 중에 맞는 단어를 찾을 수 있어야 합니다. 기왕이면 여러 단어를 떠올릴수록 좋겠지요. 이런 어휘력을 기르는 데 가장 빠르고 손쉬운 길이 바로 국어사전을 열어 놓고 글을 쓰는 것입니다.

어휘력은 단어의 개념을 많이 아는 것도 포함합니다. 사자성어나 신조어, 전문 용어도요. 단어의 개념은 국어사전만 봐서는 알 수 없지요. 백과사전을 봐야 나옵니다. 그래서 나는 국어사전과 함께 포털 사이트에 있는 백과사전도 열어 놓고 글을 씁니다. 글을 읽다가도 명확하게 알 수 없는 개념이 나오면 백과사전에서 찾아봅니다. 백과사전은 중학생, 고등학생을 위한 백과사전부터 철학 사전에 이르기까지 다양합니다. 나는 주로 중·고등학생을 위한 사전을 보고, 때로는 초등학생을 위한 백과사전도 봅니다. 말이건 글이건 쉽게 설명할수록 좋은 법이니까요.

국어사전과 가까이 지내는 것과 함께 어휘력을 키우는 방법이 또 있습니다. 신문마다 말과 글을 다루는 어문 기사 지면이 있습니다. 「우리말 새기기」, 「맞춤법의 재발견」, 「말글살이」, 「우리말 톺아보기」 등 예전 것부터 최근 것까지 온라인에서 공짜로 볼 수 있습니다. 방송에서도 우리말 바로 쓰기를 다룹니

다. 나는 이것을 눈여겨보고 듣습니다. 평소 잘 쓰지 않는 단어
는 기억해 뒀다가 내 글에 써먹곤 하지요.

●●

　그렇다면 왜 어휘력을 키워야 할까요? 잘 공부하기 위해
서입니다. 일정 수준의 어휘력을 갖추지 못하면 선생님 말씀이
나 책에 있는 내용을 이해하기 어렵습니다. 단어를 모르면 영
어 공부를 할 수 없는 것과 마찬가지지요. 초등학교에서 중학
교, 고등학교, 대학교로 올라갈수록 공부가 어려워집니다. 여
러 이유가 있지만 요구하는 어휘 수준이 높아지는 것도 한몫합
니다. 공부할 때 접하는 어휘 수준은 높아지는데 어휘력은 제
자리걸음을 하고 있으면 공부가 어려워질 수밖에 없습니다.

　영어 공부를 잘하기 위해서도 우리말 어휘력은 필수적입
니다. 영어를 우리말로 이해하려면 두 단계를 거쳐야 하지요.
첫 단계는 영어의 뜻을 해석하는 것이고, 두 번째는 알아낸 영
어 뜻을 우리말로 번역하는 단계입니다. 영어 단어를 많이 알
면 해석은 가능합니다. 하지만 우리말 어휘력이 약하면 번역에
어려움을 겪습니다.

　모든 과목이 마찬가지입니다. 시험 볼 때 지문을 얼마나

빨리 읽어 낼 수 있는가, 문제를 읽고 출제자 의도를 누가 더 정확하게 파악할 수 있는가 하는 모든 것이 어휘력에 달려 있습니다.

어휘력은 문해력을 좌우하기도 합니다. 문해력은 글을 이해하는 독해력과는 다릅니다. 글을 감상하는 능력입니다. 그런데 만 15세 학생을 대상으로 한 2021년 OECD PISA(국제 학업 성취도 평가) 결과 분석 보고서에 따르면 우리나라 학생들의 디지털 리터러시 수준은 OECD 최하위권입니다. '읽기 영역' 점수는 OECD 평균보다 높았지만 '디지털 정보 파악 능력'은 하위권이었습니다. 특히 사실과 의견을 식별하는 역량은 가장 낮은 수준이었지요. 위 평가는 디지털 문해력에 관한 것이지만, 이는 일반 문해력과 별반 다르지 않습니다. 디지털 문해력이건 일반 문해력이건 문제는 어휘력입니다. 어휘력이 부족하면 글이 술술 읽히지 않습니다. 글을 더듬더듬 읽는 건 문해력 수준이 높지 않다는 것을 뜻합니다. 내가 학교 다닐 적만 해도 수업 시간에 한 사람씩 돌아가며 교과서를 읽었습니다. 읽다 보면 모르는 단어의 뜻도 미루어 짐작하여 알게 됐지요. 그러면서 어휘력이 키워지고, 어휘력이 좋아지면 글을 유창하게 읽을 수 있었습니다. 문해력 수준이 높아진 것입니다. 문제는 어휘력입니다. 어휘력이 부족하니 문해력도 약할 수 밖에 없는 것이죠.

문해력이 있는 사람은 네 가지가 가능합니다.

첫째, 글을 평가할 수 있습니다. 이 글은 잘 쓴 글이다, 어떤 점이 좋다, 혹은 수준이 낮다 같은 식으로 말이죠. 글을 보는 안목이 있는 것입니다.

둘째, 무엇이 틀렸는지, 어떻게 쓰면 안 되는지도 잘 알고 있습니다. 오탈자, 문맥에 안 맞는 단어, 비문, 장황하고 모호한 표현 등을 찾아낼 수 있지요. 나는 요즘도 길거리 간판이나 안내문, 지하철이나 버스의 광고 문안을 엉겁결에 고칩니다. 출판사에서 편집자로 일해 본 경험 때문입니다. "있어도 괜찮을 말을 그냥 두는 너그러움보다, 없어도 좋을 말을 기어이 찾아내 없애는 신경질이 글쓰기에선 미덕이다."라고 한 소설가 이태준의 말을 따르려 하지요.

셋째, 글을 읽을 때 일방적으로 주입하지 않습니다. 글을 쓴 필자와 교감하고 대화합니다. '이걸 왜 이렇게 썼지? 내 생각은 이렇지 않은데? 맞아, 나도 그렇게 생각해.' 이렇게 말이죠.

넷째, 읽은 내용을 내 글에 써먹습니다. 읽고 끝내는 것이 아니라, 읽은 내용을 충분히 소화하고 자기 것으로 만들어서 글에 활용합니다.

글을 쓰고 말을 잘하는 데도 어휘력이 필요합니다. 말하기와 글쓰기는 어휘로 하는 것이니까요. 부족한 벽돌로는 멋진

집을 지을 수 없는 것과 같은 이치입니다. 사실 말하기나 글쓰기는 어휘를 계속 떠올리는 과정입니다. 머릿속에 든 어휘들의 조합이 말하기와 글쓰기지요. 어휘가 빨리, 다채롭게 떠오르면 글을 풍성하게 빨리 쓸 수 있고, 말도 유창하게 할 수 있지요. 딱 맞는 단어를 고를 수 있을 때 비로소 정확하고 명료한 말하기와 글쓰기가 가능해집니다. 재료가 좋아야 요리를 잘할 수 있고, 맛있는 음식이 나올 수 있지 않을까요?

이 밖에 원활한 소통을 위해서도 어휘력을 갖춰야 합니다. 한때 '심심한 사과' 논란이 있었습니다. "사과를 어떻게 심심하게 하느냐, 진지하게 해야지.", "사흘이 4일이지 어떻게 3일이냐.", "오늘이란 뜻의 '금일'도 금요일로 알았다." 등 우스갯소리라고 하기에는 좀 씁쓸한 일화들이 주변에서 종종 벌어집니다. 약국에 가면 이런 문구 쓰여 있지요?

"약 좋다고 남용 말고 약 모르고 오용 말자."

오용과 남용은 약국에서만 일어나지 않습니다. 글 쓰고 말할 때 어휘 사용에도 적용됩니다.

어휘력은 사고력과도 밀접한 관계가 있습니다. 어휘는 생각을 담는 그릇이니까요. 담을 그릇이 없는데 무슨 생각이 있을 수 있겠습니까. 지식인은 아는 사람이 아니라 아는 걸 표현할 수 있는 사람입니다. 언어 철학자 루트비히 비트겐슈타인은

"언어의 한계는 세계의 한계다."라고 했고, 영국 작가 조지 오웰 역시 "어떤 말을 하고 싶어도 표현할 단어를 못 찾으면 나중에는 생각 자체를 못하게 된다."라고 했습니다. 어휘로 표현할 수 있는 것까지가 아는 것이지요. 표현하지 못하면 모르는 것이고요. 그러니 어휘력이 빈약하면 사고력이 빈곤해질 수밖에 없습니다.

초등학교 다닐 적 '왕자 크레파스'라는 게 있었습니다. 형편이 어려운 집 아이는 12색 크레파스를, 풍족한 집 아이는 54색 크레파스를 들고 다녔지요. 안타깝게도 아무리 그림 실력이 있어도 열두 가지 색깔로는 그림 그리기에 한계가 있었습니다. 하지만 어휘력은 돈이 없어도 얼마든지 키울 수 있습니다. 여러분의 어휘력은 몇 가지 색깔 크레파스인가요? ☺

Day 21
책을 끝까지 읽지 않아도
되는 이유

독서의 중요성

살아 보니 공부에 가장 도움이 되었던 과목은 국어였습니다. 회사 생활을 하고 공직에서 일할 때도 읽기, 듣기, 말하기, 쓰기가 가장 중요했습니다. 읽기와 쓰기는 공부의 기초요, 말하기와 듣기는 대화의 기본이지요. 대화하고 공부하는 데 필요한 이 네 가지는 국어 시간에 배웠던 것들입니다. 그런 점에서 국어야말로 평생 학습 과목입니다. 이 중에서도 공부에 가장 필요한 건 읽기였습니다. 아니, 공부 자체가 읽기입니다.

●●

어느 잡지에서 「작가의 서재」 코너 인터뷰 요청이 왔을 때 난감했습니다. 서재를 사진에 담자고 하는데 나는 서재가 없었거든요. 대학 다닐 때부터 모은 3,000여 권의 책을 10여 년 전 충동적으로 팔아 치웠지요. 트럭 스피커에서 "헌책 삽니다."란 소리를 듣고 단돈 100만 원에 모두 처분했습니다. 책의 노예가 되어 가는 것 같은 느낌에서 그랬지요. 팔고 나서 후회했습니다. 얼마 지나지 않아 첫 책을 써야 했기 때문입니다. 원고를 쓰면서 팔았던 책에 있던 내용이 가물가물 떠올라 아쉬움이 어찌나 크던지….

　학교 들어가기 전 읽은 책 중에 기억에 남는 것은 『엄마 찾아 삼만 리』입니다. 에드몬드 데 아미치스라는 이탈리아 작가의 동화인데, 혼자 있을 때는 늘 이 책을 읽었습니다. 읽고 또 읽어 책이 너덜거리고, 내용을 모두 외울 정도였지요. 나이 먹어서도 불현듯 이 책이 생각나면 가슴이 먹먹해지고 어린 시절로 돌아가곤 합니다.

　초등학교 시절에는 학교에 『소년 동아일보』가 배달됐습니다. 내 기억에 주 2회 정도 발행했던 듯싶습니다. 신문이 나오는 날이면 학교에 일찍 나와 우편함으로 달려갔습니다. 연재소설 『셜록 홈스』를 보기 위해서였습니다. 어찌나 재밌던지, 상상과 추리의 세계에 푹 빠져들었습니다. 세세한 관찰이 얼마나 중요한지, 꼼꼼한 논리가 얼마나 필요한지 가랑비에 옷 젖듯이 깨닫지 않았나 싶습니다.

초등학생 때 읽은 또 한 권이 있는데, 제목은 기억나지 않네요. 내 또래 학생들의 독후감, 일기, 편지 등을 모아 놓은 책이었습니다. 우수 글 모음집 같은 책이었죠. 그것도 닳도록 읽었습니다. 집에 읽을거리가 없던 시절이었으니까요. 여러 번 읽으면서 이 책 역시 줄줄 외울 정도가 됐습니다. 아마도 학창 시절 내가 쓴 모든 글은 이 책의 영향 아래 있지 않았나 싶습니다. 참 고마운 책입니다.

세계에서 가장 많은 책을 읽은 독서가이자 작가인 알베르토 망겔이란 사람이 있습니다. 자신의 모국인 아르헨티나 출신 작가 호르헤 루이스 보르헤스가 시력을 잃었을 때 책을 읽어 준 것으로 유명하지요. 그는 『독서의 역사』세종, 2020란 책에서 독서와 삶의 유형을 세 가지로 분류했습니다. 순례자, 은둔자, 책벌레로요. 순례자는 두루 섭렵하는 스타일이고, 은둔자는 파묻혀 냅다 파는 스타일이며, 책벌레는 주마간산으로 책 권수만 늘리는 스타일입니다. 나는 책벌레 스타일입니다. 부끄러운 얘기지만 진득하게 글을 읽지 못합니다. 모든 책을 처음부터 끝까지 온전히 읽지도 않습니다. 읽고 싶은 내용을 찾아 읽거나, 읽다가 건너뛰거나 둘 중 하나입니다.

자격은 없지만 독서 얘기를 하지 않을 수 없네요. 공부와 독서는 떼려야 뗄 수 없으니까요. 내 경험으로 공부에 도움 되는 몇 가지 독서법을 소개하고자 합니다.

　나는 1단계로 목차, 서문, 저자 후기부터 읽습니다. 2단계로 궁금하고 읽고 싶은 부분을 찾아 읽습니다. 3단계로 나머지 부분을 읽습니다. 궁금하지 않으면 더 이상 읽지 않습니다. 또한 중간중간 쉬면서 읽습니다. 2시간 정도 글을 읽으면 집중력이 현저히 떨어집니다. 일정 시간 책을 보면 잠깐 쉬었다가 다시 봅니다. 그게 효율적입니다. 아울러 나는 읽다가 생각합니다. 죽 읽어 가면 머릿속에 남는 게 없습니다. 도중에 지금까지 읽은 내용이 뭐였는지 복습해 봐야 합니다. 글로 적어 구체적으로 정리하면 더 좋더라고요. 책 한 권을 읽으면 내 책에 쓸 수 있는 새로운 생각 몇 개는 반드시 건지려고 합니다. 그런 절실함을 갖고 읽습니다.

　그 밖의 독서법은 아래와 같습니다.

　수시로 요약하며 읽습니다. 특히 문단 단위로 요약하며 읽습니다. 문단 하나를 읽으면 'A는 B다.'로 정리하는 한 문장을 만듭니다. 내가 만들든, 한 문장을 발췌하든 요점을 정리하든, 주제를 파악하든 상관없습니다. 방금 읽은 내용을 시시때때로 머릿속으로 그려 보며 읽으면 됩니다.

　내 것을 챙기며 읽습니다. 천 권을 읽어도 자기 것이 만들어지지 않는 독서는 의미가 없습니다. 단 한 문장, 한 꼭지를 읽어도 그것을 음미해 본 후 자기 것을 챙겨야 합니다. 글을 읽으면서 무엇을 느끼고 배우고 알게 되고 깨달았는지 짚어 봐야 합니다. 그런 게 하나도 없으면 그것을 찾을 때까지 읽기를 멈추는 게 좋습니다.

내 것을 챙기면 그것을 메모합니다. 책의 여백도 좋고 메모장도 좋습니다. 메모한 것만 남고 나머지는 모두 잊습니다. 무엇보다 메모하는 행위 자체가 글쓰기 연습이 됩니다. 그뿐 아니라 공부와 친해지고 공부가 익숙해지는 기회가 됩니다.

읽은 걸 말해 봅니다. 독서 토론을 하든지, 친구에게 말을 하든지, 읽은 것을 누군가에게 말해 봐야 합니다. 읽기에는 세 영역이 있습니다. 내용을 요약하고 주제를 파악하는 수용 영역이 있고, 수용한 것을 비교하고 분석하며 비판하는 중간 영역이 있습니다. 그리고 마지막으로 그것을 말하는 발산 영역이 있지요. 독서를 통해 수용해서 분석, 비판한 후 말하기로 발산하는 과정은 단계 단계가 서로에게 도움을 주고 상호 보완하는 순환 과정입니다.

빠져 읽습니다. 다음에 무엇이 나올지, 결말이 어떻게 될지 예상하며 읽습니다. 또한 주인공이 되어 읽습니다. 이런 과정을 통해 공부에 필요한 추론 능력을 키웁니다. 빠져 읽을 때 주의할 점이 있습니다. 아는 것은 빨리 건너뛰고, 모르는 것에 시간을 써야 한다는 점입니다.

　비딱하게 읽습니다. '그 말 맞아? 내가 왜 당신 말을 믿어야 하지?', '저자 생각은 이렇지만 내 생각은 다른데?' 하면서 저자에게 토를 달고 말대꾸하며 읽습니다. 고정 관념이나 선입견, 편견을 배제하고, 알량한 배경지식으로 속단하지 않고, 내가 썼다면 어떻게 썼을까 비교하며 읽습니다. 그래야 자기 생각이 만들어집니다.

　궁금증을 좇습니다. 목차를 보고 궁금한 데서부터 읽습니다. 책을 읽으면서 다음에 읽을 책을 찾습니다. 책을 읽다 보면 자연스럽게 다음에 읽을 책이 잡히기도 하지요. 그러다 보면 내가 읽은 책의 공통분모를 찾게 됩니다. 여러 책에서 중점적으로 다루고 있는 그것이 내가 읽고자 하는 내용의 정수(精髓), 고갱이입니다. 또한 호기심을 좇아 읽다 보면 자신의 관심사를 알게 됩니다. 자신이 좋아하고 알고 싶은 주제, 즉 자신의 테마를 찾게 되는 거지요. 그 테마는 공부 인생의 기둥이 되고, 공부를 낳는 모체가 되고, 공부가 와서 붙는 요체가 됩니다. 공부를 지속하려면 그런 단단한 중심이 하나 있어야 합니다.

　냉정하게 읽습니다. 글의 구조를 파악하며 읽습니다. 글쓴이가 개요를 어떻게 짜고 썼는지 보는 것입니다. 글의 시작은 어떻게 했고, 정의, 비교, 대조, 분류, 구분, 분석, 종합, 비유, 가정, 유추, 입증, 예시, 강조, 일화, 인용, 요약, 해석, 묘사, 서사, 설명, 대화, 열거, 과정, 반론 등 어떤 방식으로 전개했으며, 글의 마무리는 무엇으로 했는지 분석해 봅니다. 또한 뜻이 아리송한 단어나 개념은 일단 맥락으로 이해하면서 읽고, 나중에 반드시 정확한 의미를 찾아봅니다.

독서는 글을 어떻게 써야 하는지 모범을 보여 주기도 합니다. 책을 읽으면 어휘나 문장에 익숙해지고, 어떤 글이 좋은지 분간할 수 있게 됩니다. 또한 좋은 문장을 마주하면서 잘 쓰고 싶은 충동과 욕구를 갖게 됩니다.

아울러 독서는 공감 능력을 키워 줍니다. 독서를 많이 할수록 타인에 대한 배려가 생기고, 약자와 소수자 등에 대한 편견이나 고정 관념에서 벗어날 수 있습니다. 누군가가 되어 그 사람의 눈으로 생각하고 바라보는 역지사지 능력은 공부의 필수 요건입니다.

나는 외출할 때마다 가방에 책을 한 권씩 들고 나갑니다. 어떤 책을 고를지 궁리하는 그 짧은 시간이 즐겁습니다. 들고 나간 책을 조금이라도 들춰 본 날은 절반도 되지 않습니다. 갖고 나간 그대로 다시 갖고 들어오는 경우가 더 많지요. 그래도 그다음 날에는 다른 책을 찾아 들고 나갑니다.

　나는 처음부터 끝까지 완독한 책은 많지 않습니다. 대부분의 책은 읽고 싶거나, 필요한 부분만 찾아서 읽습니다. 책을 한 권 들고 나가면 그 책에서 읽고 싶은 한두 꼭지의 글을 읽습니다. 읽고 싶은 글을 찾기 위해 목차부터 봅니다. 읽고 싶은 내용을 찾았을 때 기쁩니다. 약간 설레기도 하고요. 이렇게 매일 바뀌는 책에서 한두 꼭지의 글만 읽는 독서는 다섯 가지 정도의 효과를 냅니다.

　첫째, 독서 시간을 효율적으로 쓰게 합니다. 출판사에서 편집자로서 일한 경험에 비추어 보면, 책의 모든 내용이 다 중요하고 좋은 내용으로 채워져 있는 건 아닙니다. 처음부터 끝까지 다 읽어야 한다는 의무감을 내려놓아도 괜찮다는 의미입니다. 읽어야 할 책이 얼마나 많습니까? 한 권의 책을 다 읽을 시간을 쪼개서 여러 책을 읽는 것도 주어진 시간을 활용하는 방법입니다. 물론 완독해야 할 책들도 있습니다. 하지만 그런 책이 그리 많진 않습니다.

　둘째, 지루할 틈이 없습니다. 아무리 재밌고 흥미진진한 책도 읽다 보면 따분해질 수 있습니다. 긴 분량을 읽어야 한다는 압박감도 있고요. 하지만 매일 책을 바꿔 가며 조금씩 읽으면 이런 염려가 전혀 없습니다.

셋째, 매일 다시 깨어납니다. 한 권을 며칠씩 읽으면 뒤로 갈수록 집중력이 떨어집니다. 그 책에 익숙해지기 때문입니다. 그런데 나는 늘 새로워요. 책이 매일 바뀌니 매일 각성하게 됩니다. 새로운 것을 보면 뇌는 스스로 눈을 번쩍 뜨는 법이니까요. 공부하다 집중이 안 되면 과목을 바꿔 보세요. 머릿속 환기가 이루어져 다시 집중할 수 있습니다.

넷째, 복습 효과가 있습니다. 하루 한 권씩 들고 나가다 보니 언젠가 읽었던 책을 다시 들고 나가는 경우가 많습니다. 그러면 이전 읽었던 부분을 다시 되뇌게 되지요. '그전에 읽은 책이네? 뭘 읽었지?' 이렇게요. 통상 책은 읽고 나서 일주일 정도 지나면 다 잊힙니다. 제목도 생각나지 않는 경우가 많습니다. 책도 복습이 필요합니다. 그래야 내 것이 됩니다.

다섯째, 융합 효과가 있습니다. 이 책 저 책을 읽다 보면 이 내용 저 내용이 섞이게 됩니다. 서로 다른 게 연결되고 융합됩니다. 그러면서 책에 있는 내용과 전혀 다른, 새로운 생각들이 떠오릅니다.

쉰 살이 넘어 책에 빠졌습니다. 늦바람이 무섭다더니 뒤늦게 책 읽는 재미에 푹 빠졌습니다. 이런 멋진 신세계가 있나 싶습니다. 일찌감치 공부 안 하길 잘했다는 생각까지 들 정도입니다. 그랬다면 뒤늦게 이런 호강을 누리지 못했을 테니까요. 나는 요즘 책을 쓰기 위해 책을 읽습니다. "책 100권을 읽는 것보다 1권 쓰는 게 낫다. 그리고 책 1권을 쓰려면 100권을 읽어야 한다."라는 말을 믿습니다. 주로 내가 쓸 책과 관련 있는 책을 골라 읽습니다. 이런 목적과 목표를 가진 후부터 책을 읽어야 하는 이유가 분명해졌습니다. 책 읽기가 즐겁습니다. 그리고 읽은 내용은 강연을 통해 써먹습니다. 그런 때 자신감이 샘솟고 의기양양해집니다. 그것을 느끼기 위해 또 읽습니다. 그러면서 독서량이 늘었습니다. 나의 공부도 늘어 가고 있습니다. ☺

Weekly Note 3
공부 역량 키우기

1 나랑 잘 맞는 생각 도구 또는 내가 찾은 나만의 생각 도구

2 나의 테마 탐색하기

• 최근 읽은 책 또는 앞으로 읽고 싶은 책

• 새롭게 알게 된 나의 관심사

• 더 알아 가고 싶은 주제

Day 22
가깝지도 멀지도 않은
우리의 거리

관계 맺기

교육 심리학자 레프 비고츠키는 "인간의 성장과 발전은 관계 속에서 이루어진다."라고 강조합니다. 그러면서 "현대 사회의 모든 문제는 관계를 제대로 맺을 수 없는 데서 비롯된다."라고 말합니다. 바쁘게 경쟁하다 보니 온전한 관계를 맺을 수 없다는 것이지요.

사회생활 하면서 세 가지 때문에 힘들었습니다. 바로 글쓰기, 말하기, 관계 맺기입니다. 이 세 가지가 직장 생활의 전부였습니다. 우리의 삶 전체가 그렇지 않은가 싶기도 합니다. 하루 종일 무언가를 읽고 쓰고 말하고 들으면서 관계를 맺어 가지요.

내가 학교 다닐 적만 해도 글쓰기, 말하기, 관계 맺기를 배우지 않았습니다. 그래도 글쓰기는 알게 모르게 한 셈이네요.

선생님 말씀을 받아 적고 글쓰기 숙제도 있었습니다. 일기도 썼지요. 수업 시간에 발표도 해야 했으니 말하기 역시 전혀 배우지 않았다고는 할 수 없습니다.

　문제는 관계입니다. 윤리 시간에 예절 교육을 받은 게 전부였습니다. 관계 맺기는 학교생활을 통해 자연스럽게 익히도록 방치했던 것 같습니다. 그러다 보니 성적을 놓고 벌이는 경쟁 관계만 익숙하게 되었지요. 공부 잘하는 친구들과 잘 지내고 선생님의 권위에 복종하고 무리에서 왕따당하지 않는 법을 익혔습니다.

　말하기와 글쓰기가 힘든 이유도 관계 영향이 큽니다. 말하고 쓰는 일은 내 말을 듣고 내 글을 읽는 상대가 있거든요. 말하고 쓰는 이유 역시 내 말을 듣고 내 글을 읽는 누군가와 친해지거나 누군가의 인정을 받기 위해서지요. 다시 말해 좋은 관계를 위해서입니다. 또 역으로 좋은 관계를 맺기 위해서는 소통을 잘해야 하고, 소통을 잘하기 위해서는 말하기와 글쓰기 역량이 필요하기도 합니다. 가뜩이나 힘든 말하기와 글쓰기 역량까지 갖춰야 잘할 수 있는 게 관계 맺기이니, 이게 얼마나 어려운 일이겠습니까.

　인간관계는 나의 의지와 상관없이 주어진 관계와 그렇지 않은 관계로 나뉩니다. 가족이나 친지 등은 내 의지와 무관하게 어쩔 수 없이 주어진 관계입니다. 그 밖의 관계는 내 의지와 노력으로 만들어 가는 것인데, 이런 관계는 다시 두 종류로 나눕니다. 이해타산으로 만난 관계와 그렇지 않은 관계이지요. 그러니까 모두 세 종류의 관계가 있는 셈입니다. 태어날 때부터 주어진 관계, 이해타산으로 맺어진 관계, 그리고 우정과 애정으로 만난 관계입니다. 이 가운데 각자의 삶에 가장 큰 영향을 미치는 건 우정과 애정으로 만난 관계입니다.

학교도 관계로 움직입니다. 선생님과 학생과의 관계, 교장, 교감 선생님과 선생님의 관계, 선생님과 학부모의 관계, 학교와 교육 관청과의 관계. 그중 가장 중요한 관계가 선생님과 학생 관계이지요. 이 관계가 학생 중심이냐 교사 위주냐, 민주적이냐 권위적이냐 등에 따라 교실 분위기와 학습 효과가 달라지고 학생들의 인성 발달에도 영향을 미칩니다. 관계가 중요하지요.

아리스토텔레스가 "인간은 사회적 동물이다."라고 했듯이 우리는 관계 속에서 자아 정체성을 만들어 갑니다. 부모와의 관계를 시작으로 남과의 관계 속에서 자신의 성격이나 취향, 가치관 등을 만들어 가니까요. 다른 사람의 도움과 협력으로 자아실현을 이루기도 하고요. 하지만 정작 관계가 중요한 것은 생존과 행복에 직접적인 영향을 주기 때문입니다. 관계에 따라 생존과 번식이 유리해지기도 불리해지기도 하고, 관계 때문에 행복과 불행이 엇갈리게 됩니다.

　미국 하버드 대학교의 의과 대학 교수인 로버트 월딩어는 "우리 인생에서 행복을 결정하는 요인은 부도 명예도 학벌도 아니다."라고 말했습니다. 그럼 무엇일까요? 그가 2015년 미국 보스턴에서 열린 TEDx(테드 엑스) 강연에서 이야기한 내용인데요. 1938년부터 75년간 남성 724명의 삶을 추적한 결과, 행복을 결정하는 가장 중요한 요소는 바로 인간관계였다고 밝혔습니다. 가족이나 친구, 동료와의 사회적 연결이 긴밀하고 좋을수록 더 행복하고 몸이나 뇌가 건강하며 오래 산다는 것입니다.

●●

　나도 대부분의 스트레스는 인간관계 때문에 받았습니다. 그래서 나만의 관계 원칙을 세웠습니다.

　그 하나는 남이 시킨 일을 잘하려고 안간힘을 쓰지 않는 것입니다. 다른 사람의 평가를 과도하게 의식하지 않는 것이지요. 허먼 멜빌의 단편 소설 「필경사 바틀비」에 나오는 바틀비처럼 "안 하는 편을 택하겠습니다."라고 말하며 사는 것입니다. 복사기가 없던 시절, 변호사 사무실에서 문서 베껴 쓰는 일을 하는 바틀비는 어느 날부터 변호사가 시키는 일을 거절합니다. 심지어 해고 통보마저 거절하지요. 잘 팔리는 글을 쓰지 못해 대중에게 외면받던 작가 허먼 멜빌이 자신을 투영해 썼다는 「필경사 바틀비」.

나 역시 어느 날 문득 남들은 내 글에 생각보다 관심이 없다는 것을 알았습니다. 아무리 열심히 써도 읽는 사람은 얼마 되지 않더군요. 그래서 생각했지요. '잘 보이려고 애쓰지 말자. 다른 사람의 시선을 과도하게 의식할 때 타인은 지옥이 되는구나.' 하고요.

다음으로 관계에서 스트레스 받는 것 자체를 인정하고 받아들이는 겁니다. 미국의 심리학자인 켈리 맥고니걸이 TED 강연 「스트레스와 친구 되는 법」에서 소개한 내용인데요. 하버드대학교 심리학과의 매튜 녹 교수가 중요한 발표를 앞둔 두 그룹을 대상으로 스트레스 실험을 했습니다. 한 그룹에게는 스트레스는 좋은 성과를 올리기 위한 자연스러운 반응이라며 받아들이게 하고, 다른 그룹에는 스트레스를 피해야 할 대상으로 간주하고 긴장하지 말 것을 주문했습니다. 결과는 스트레스를 긍정적으로 받아들인 그룹이 집중력을 보였고 더 자신감을 가졌습니다. 발표 결과도 좋았고요. 스트레스가 성장의 촉진제가 된 것이죠. 그러니 스트레스 받는 것에 스트레스 받지 말아야 하겠지요.

　　남들의 평가와 지적에 의식적으로 무뎌질 필요도 있습니다. 나는 '얻다 대고'와 '어쩔 수 없지'를 되뇝니다. 내가 그렇게 산다는데 '얻다 대고' 지적을 하느냐는 것이죠. 또 남들의 평가가 좋지 않을 때도 내 실력과 노력이 그 정도여서 그런 걸 '어쩔 수 없지' 하며 훌훌 털어 버리려고 합니다.

　　무엇보다 남과 비교하지 않는 게 중요합니다. 관계를 망치는 모든 것은 비교에서 비롯하지 않나 싶습니다. 시기, 질투, 비난, 자기 비하, 열등감, 모욕감 등은 모두 남을 이기려는 경쟁심 때문에 일어나는 감정이지요. 그런데 누구도 자기를 이기려 드는 사람을 좋아할 리 없습니다. 당연히 관계가 좋을 수 없지요. 방법은 내가 좋아하는 것, 내가 잘하는 일을 하는 것입니다. 남들이 하는 일을 따라 하지 않고요. 남들과 한 줄에 서서 경쟁하려 하지 않는 것입니다. 다르면 비교도 경쟁도 있을 수 없지요.

　　이 밖에도 나는 모두와 잘 지내려고 하지 않습니다. 좋은 사람과 잘 지내기에도 시간이 부족합니다. 또한 남에게 큰 기대를 하지 않습니다. 가까운 관계일수록 더 그렇습니다. 간섭이나 참견도 자제합니다. 선을 지키고 적당한 거리를 유지합니다.

　　관계에서 중요한 것은 거리 두기입니다. 어떤 관계는 너무 밀착돼서 실패하기도 하고, 또 어떤 관계는 너무 소원해서 어려움을 겪기도 합니다. 관계에 맞는 적당한 거리 두기가 관계의 성패를 좌우하지요. 부모 자식 관계도 가까울수록 좋은 건 아니라고 생각합니다. 부모가 자식에게 시시콜콜한 것까지 참견하고 관여하려 들면 관계가 지나치게 유착된 것입니다. 그건 연인 관계도 마찬가지입니다. 어느 한쪽이 너무 가까워지려고 하면 다른 쪽에게는 집착으로 비쳐 관계가 부담스럽습니다. 좁혔다 멀리 하다를 시도하면서 적당한 거리를 찾아가는 '밀당'이 필요합니다. 소 닭 보듯 말도 안 섞는 관계는 더 문제고요. 누군가와의 관계가 문제 있다는 생각이 들 때, 또 관계 회복을 원할 때는 그와 적당한 거리를 두고 있는지 살필 필요가 있습니다.

라디오 프로그램 「강원국의 지금 이 사람」을 진행하면서 만난 자기 분야에서 성취를 이룬 사람들의 공통점이 있습니다. 한곳을 파고드는 외골수 기질이 있다, 낙관적이고 긍정적으로 사고한다, 실패와 역경을 만났을 때 이를 오히려 성장의 기회로 삼는다 등입니다. 그런데 이것들에 앞서 누구나 갖고 있는 사연이 있는데, 그것은 바로 살아오면서 좋은 사람을 만났다는 점입니다. 이분들이 좋은 사람을 만나 성공할 수 있었다고 하는 배경에는 관계를 발전시키고 좋은 관계를 맺을 수 있는 이들만의 역량이 있지 않았나 생각합니다.

내 나이 예순하나입니다. 그래도 관계는 어렵습니다. 아무리 노력해도, 아니 노력하면 할수록 풀기 이려운 숙제입니다. 개인적인 노력만으로는 한계가 있습니다. 조직 문화나 사회적 분위기가 관계를 증진시킬 수 있는 방향으로 바뀌어야 합니다. 개별적 노력보다 협력을 강조하고, 참여하고 공유하는 문화를 형성해 나가는 한편, 구성원 간의 투명성과 신뢰 수준을 높여 나가야 하는 것이지요.

학교 교실부터 바꿔 나갈 수 있습니다. 팀 단위로 구성원 모두가 참여해 자신을 솔직하게 드러내고 가진 것을 나누고 친구를 도우면서 서로에 대한 믿음을 키워 나가는 거죠. 이렇게 해서 길러진 관계 능력이야말로 사회에 나가 생활하는 데 그 무엇보다 필요한 역량이고, 우리 사회의 평화와 번영을 가져오는 밑거름이 될 것입니다. ☺

Day 23
우리가 서로
만나야 하는 이유

만남과 대화

선생님이 우셨습니다. 1980년 5월 28일, 나는 고등학교 3학년이었고, 전두환 퇴진 요구 시위를 위해 교실 문을 나가려던 반 친구들을 담임 선생님이 가로막았습니다. 친구들이 선생님을 밀쳐 내고 운동장으로 나갔지요. 선생님은 학생들이 모두 나간 텅 빈 교실에서 책상에 엎드려 우셨습니다. 제자들에게 내동댕이쳐진 자신의 처지를 한탄하는 울음이라고 추측했죠. 그런데 그게 아니었습니다. 제자들이 자랑스러워 우신 것이었습니다.

지금은 유명을 달리하신 강규원 선생님. 새벽같이 자전거를 타고 제자들을 깨우러 다니셨습니다. 특히 말썽만 부리던 내게 각별한 관심을 보여 주셨지요. 시위로 징계를 받은 내가 다음 해 복학할 수 있게 도와준 분도 그분이었습니다. 그분과의 만남이 없었다면 십중팔구 나는 대학에 진학하지 못했을 것입니다.

내가 만난 미국 스탠퍼드 대학교의 교육 대학원 폴 김 부학상도 마찬가지였습니다. 그는 한국에서 고등학교까지 다녔습니다. 운동부 친구를 제외하면 반에서 꼴찌였습니다. 아버지를 졸라 비행기 표만 끊어 미국에 갔는데 영어를 못해 음악 수업을 수강 신청했답니다. 그런데 음악 감상문을 다섯 쪽 이상 써내라는 숙제를 받았습니다. 한두 줄만 써낼 수밖에 없었지요. 담당 교수가 불렀습니다. 영어를 못해 그리했다고 하니, "그럼 한국어로 써 와라." 하는 것이었습니다. 이번에는 미국 교수가 글을 읽을 수 없었어요. 한국어로 써 간 글을 놓고 한 자 한 자 사전을 찾아가며 단어 뜻을 알려 달라고 교수가 그랬답니다. 온종일 시간을 내서 글의 내용을 파악한 교수가 "이 과목은 영어가 아닌 음악 감상 수업이니 너는 최고 점수를 받을 자격이 있다."라며 가장 좋은 성적을 줬고, 이를 계기로 공부에 흥미를 느끼기 시작한 청년 폴 김은 마침내 미국 최고 명문 대학의 교수가 되었습니다.

우리는 대화하기 위해 만납니다. 밥을 먹거나 커피 마시기 위해 만나는 건 아니지요. 대화 자체가 목적이 아닌 만남도 그 목적을 이루기 위해 대화합니다. 그런데 코로나19 이전에도 우리는 대화가 부족했습니다. 내 또래는 가정에서 부모와 자식 간 대화가 거의 없었습니다. 학교에 가선 친구들과 얘기하면 칠판 한쪽에 '떠든 사람'으로 이름이 적혔습니다. 사회에 나와서도 마찬가지였지요. 대화보다는 지시와 명령, 상명하복이 더 효율적이라고 받아들여졌습니다. 위아래 구분이 엄격해 수평적 대화가 이뤄지지 않았습니다.

대화의 부족은 기성세대만의 문제는 아닙니다. 젊은 세대의 만남 기피 경향은 더 심각한지도 모릅니다. 만나서 대화하지 않고 온라인 메신저로 소통합니다. 사람에게 묻지 않고 포털 사이트나 유튜브에 묻습니다. 1990년생인 아들은 어릴 적 꿈이 회사원이었습니다. 왜 회사원이 되고 싶으냐고 물으면 "회식하려고요."라고 답하더라고요. 어린아이 눈에 회식하고 들어온 아빠가 행복해 보였나 봅니다. 그런데 어느 설문 조사 결과를 보니까 이른바 MZ세대가 싫어하는 것 중 하나가 회의와 회식이라고 하더군요.

만남의 대상은 세 부류가 있습니다.

첫 번째는 늘 만나는 사람입니다. 집에서는 가족과 만나고 직장에 다니는 회사원이나 학교 다니는 학생은 매일 같은 사람과 만납니다. 싫으나 좋으나 만날 수밖에 없는 이들과 대부분의 일상을 보냅니다. 만남이라기보다는 삶의 일부라고 할 수 있지요. 이런 만남이 불편해 학교를 그만두거나 직장을 나오거나 가족과 떨어져 사는 사람이 간혹 있기는 하지만요.

두 번째 부류는 새롭게 만나는 사람입니다. 누군가의 소개를 받거나 새로운 모임에 나가 모르던 사람과 만나는 경우입니다. 이 만남이 없으면 관계가 확장되지 않지요. 만나는 사람만 늘 만나니까요. 나이를 먹을수록 이런 만남은 줄어들게 됩니다. 상급 학교에 진학하면서, 또 새로운 직장에 들어가서 새로운 사람과 만납니다. 하지만 나이가 들면 새로운 사람을 만날 일이 거의 없어집니다. 그동안 알았던 사람이나 잘 관리하며 그들과 함께 늙어 가자고 마음먹는 사람이 대부분이지요. 나는 다행스럽게도 새롭게 만나는 사람이 많습니다. 돌아다니며 강의하는 일로 밥벌이를 하다 보니 매일매일 새로운 사람을 만납니다.

세 번째 부류는 약속해서 만나는 사람입니다. 학창 시절 친구일 수도 있고 사회에서 만난 사람일 수도 있습니다. 이들과 만나는 것은 의식적인 노력이 필요합니다. 만나도 그만 안 만나도 그만이기 때문입니다.

이런 만남은 그것을 대하는 태도에 따라 다시 세 유형으로 나뉩니다. 우선 만남 자체를 즐기거나 만남을 통해 얻고자 하는 게 분명한 사람들입니다. 어느 선배가 내게 이렇게 말했습니다. "평생 점심값은 내가 낸다고 작정하고 살면 성공할 수 있다."라고요. 이 선배는 점심 약속이 비어 있으면 안절부절못합니다. 한 달 내내 약속이 빼곡하지요.

나는 이런 유형은 아닙니다. 누군가 만나자고 연락해 오면 마지못해 나갑니다. 때로는 인사치레를 위해 의무감에 만나기도 합니다. 그러다 보니 만남이 잦지 않습니다. 한 달에 네댓 번 정도나 될까요?

나보다 더 심한 유형도 있지요. 은둔형입니다. 거의 약속을 잡지 않습니다. 동창회나 각종 모임에 얼굴을 비치지 않는 것은 물론이고요. 먹고사는 일로 만나야 하는 경우를 제외하고는 사람을 만나지 않습니다.

만남이 성공적으로 이루어지기 위해서 필요한 게 하나 있습니다. 바로 질문입니다. 우리는 만나서 대화하고, 대화는 질문을 통해 이어집니다. 묻고 답하는 과정이 대화이기 때문입니다. 내가 진행하는 라디오 프로그램은 매일 한 사람을 초대해서 30분 동안 대략 20개 안팎의 질문을 하는데, 꽤 힘듭니다. 질문하기 위해서 그 사람의 삶과 지금까지 해 온 일까지 공부해야 합니다. 그 사람의 답변에 추가 질문이나 보충 질문도 해야 하지요. 상대가 초시일관 '예, 아니요.'로 짧게 답하거나, 답변을 피하면 곤혹스럽습니다. 준비한 네댓 개의 질문에 대한 답을 뭉뚱그려 하나의 질문에 답해 버리면 등에서 식은땀이 나기도 합니다. 그만큼 질문은 어렵습니다. 분명한 건 질문이 없으면 대화가 있을 수 없고, 소통도 이뤄질 수 없다는 사실입니다.

사람을 만나면서 스스로 깨달은 게 있습니다. 처음 만나서 좋은 사람 없고, 오래 만나서 나쁜 사람 없다는 사실입니다. 누군가 처음 만나면 어색하고 불편합니다. 만남이 즐거울 수 없지요. 그럼에도 지속해서 만나다 보면 서로를 이해하게 되고 상대의 장점이 눈에 들어옵니다. 이 수준에서 알고 지내는 사람이 많으면 삶이 활기차고 건강하지요. 그런데 여기서 더 욕심을 내면 실망하기 십상입니다. 누구든 속속들이 알고 나면 단점이 보이고 서운함도 느끼게 되니까요. 나를 진정으로 위해 주는 사람과의 만남은 평생 다섯 손가락을 꼽기 어렵지 않을까요?

여러분은 어떤 사람과 만나고 있나요? 만남의 빈도에서 늘 만나는 사람과 약속해서 만나는 사람, 그리고 새로 만나는 사람의 비율은 어느 정도인가요? 만남의 깊이에서 서로 이해하고 지지해 주는 사람은 얼마나 되나요? 또 학교에서는 이런 만남을 얼마나 준비하고 있나요? 만남에도 기술이 필요하다면, 학교는 그런 역량을 얼마나 키워 주고 있나요? 혹시 '네가 잘되면 사람은 얼마든지 붙기 마련이니 친구들과 어울리지 말고 네 앞가림부터 잘하라'고 가르치진 않나요? 그런 말을 들었다면 부디 무시하기를 바랍니다.

만남은 교육에 선행한다고 설파한 만남의 교육 철학자 마르틴 부버는 이렇게 말했습니다.

"영혼은 내 안이 아니라 나와 다른 사람 사이에 있다. 그러므로 나 자신을 아끼는 방법은 나와 너의 관계를 잘 돌보는 것이다. 나와 너는 온 존재를 기울여야만 만날 수 있다. 그것이 곧 사랑이다." ☺

Day 24
말실수는 실수가 아니다

막말 주의

나이가 들어가면서 말이 자꾸 헛나옵니다. 행정복지센터에서 일 보고 나오면서 "많이 파세요."라고 하거나 통닭 주문하면서 "살 없는 치킨이요."라고 하기도 합니다. 하지만 이런 말실수는 별로 문제 될 게 없습니다. 말로 인해 피해 보는 사람이 없기 때문입니다. '허당'이란 소리는 들을망정 사람들에게 웃음을 주는 장점도 있습니다.

우리 속담에는 말에 관한 것이 많습니다. "가는 말이 고와야 오는 말이 곱다.", "낮말은 새가 듣고 밤말은 쥐가 듣는다.", "말이 씨가 된다.", "되로 주고 말로 받는다.", "발 없는 말이 천리를 간다." 이들이 공통으로 시사하는 내용이 있습니다. 바로 말조심입니다. 말은 천 냥 빚을 갚기도 하지만, 하루아침에 공든 탑을 무너트리기도 합니다.

말실수가 문제 되지 않던 시절이 있었습니다. 오히려 그것을 문제 삼는 사람이 쪼잔하다는 소릴 들었지요. 심지어 독설을 내지르고, 음담패설을 늘어놓고, 누군가를 깎아내리는 말을 잘하는 사람이 인기까지 있었습니다. 그러나 지금은 어떤가요. 이런 말 하나하나가 문제가 됩니다. 인권 감수성이 과거와 같지 않습니다.

"우리끼리 하는 소린데."같은 말도 더 이상 통하지 않습니다. 말은 자기 앞에 있는 사람에게만 하는 게 아닙니다. 사회가 투명해지면서 모든 말은 어김없이 공개됩니다. 감추고 싶은 말일수록 급속도로 전파되지요. 말이 기록도 됩니다. 심지어 통화 내역까지 남습니다. 남들이 잊어 줬으면 하는 말일수록 더 또렷이 기억됩니다. 그 말은 하지 말았어야 한다고 '이불킥' 해 봐야 이미 늦습니다.

일찍이 공자는 세 가지 말을 조심하라고 했습니다. 실언(失言)과 교언(巧言)과 췌언(贅言)입니다. 군더더기 말, 즉 췌언이 잔소리라면 속은 그렇지 않은데 그럴듯한 말로 포장하는 교언도 주의 대상입니다. 상황에 맞지 않는 말인 실언은 물론이고요.

아버지가 한여름에 암 수술하고 병원에 계실 때 병문안을 온 친구분이 이렇게 말씀하셨습니다.

"아주 시원한 데서 피서 잘하고 있구먼."

　　그 뒤로 두 사람 사이는 서먹해져 버렸습니다. 친구분은 좋게 생각하라는 뜻으로 농담한 것인데, 사실 죽을 고비를 방금 넘긴 사람에게 할 말은 아니었지요.

　　실언은 뜻하지 않게 새어 나옵니다. 발원지는 주로 농담입니다. 분위기에 휩쓸려, 혹은 분위기를 띄우기 위해 말하다 보면 본의 아니게 실언하게 됩니다. 의도를 갖고 한 말이 아니기 때문에 자신이 실언했는지조차 모르는 경우가 많습니다. 주워 담을 기회가 없다는 점에서 더 위험할 수 있지요. 야박한 것이 말입니다. 말하는 의도나 취지는 중요하지 않습니다. 듣는 사람의 해석과 느낌이 있을 뿐입니다. "농담으로 한 얘기야." 이런 말은 통하지 않습니다. "웃자고 한 얘길 갖고 그래. 친구끼리 농담도 못 하냐?"라는 말은 화만 더 돋울 뿐입니다.

　　때론 덕담도 실언이 됩니다. 살찐 것을 콤플렉스로 여기는 사람에게 건강해 보인다고 하거나, 얼굴에 있는 점을 빼고 싶어 하는 사람에게 복점이 부럽다고 하면 조롱으로 들릴 수 있습니다. 가까운 사이일수록 말조심해야 합니다. 다툼은 가벼운 말장난에서 시작합니다.

정작 경계해야 할 말실수는 따로 있습니다. 바로 '막말'입니다.

첫 번째 막말은 폭언입니다. 주위 사람을 업신여겨 함부로 내뱉는 경멸과 멸시의 말, 갑질 발언, 욕설입니다. 나이 어린 사람을 나무라면서 어른들이 자주 범하는 "너 집에서 그렇게 배웠어?", "니 아버지 뭐 하시노?"같이 인격을 짓밟고 모욕감을 주는 말. 치가 떨리고 이 갈리는 그런 막말 말입니다.

두 번째 막말은 상대방을 향해 퍼붓는 저주와 야유의 말입니다. "칼의 상처는 아물어도 말의 상처는 아물지 않는다."라는 몽골 속담이 있지요. 누군가에게 들은 저주와 야유의 말이 떠오르면 나도 모르게 몸서리를 치게 됩니다.

학교 폭력 문제가 끊임없이 제기됩니다. 물리적 폭력 못지않게 언어폭력 문제가 심각합니다. 나쁜 의도를 갖고 내뱉은 한마디가 누군가에게는 씻을 수 없는 상처가 됩니다. 더욱이 우리 사회는 그런 발언에 대한 응징이 이뤄지지 않고, 잠깐 들끓다가 어느새 잊히는 풍토입니다. 오히려 막말 캐릭터와 노이즈 마케팅으로 자신의 존재감을 드러내는 사람까지 등장했습니다. 막말해도 그다지 손해 보진 않는다는 생각이 팽배합니다.

여기에 더해 자기편으로부터는 '용기 있다', '후련하게 잘했다' 라고 칭찬받기도 합니다. 그러다 보니 막말을 하면서도 자기가 더 정당하다고 주장하며 다투는 선명성 경쟁이 이뤄지고, 말은 더 양극단으로 치닫습니다. 이제 어지간한 막말은 명함도 못 내밀 지경이 됐습니다.

세 번째 막말은 더 심각합니다. 사회적 약자와 소외 계층에 대한 비하와 조롱, 혐오 발언이 그것입니다. 여성이나 노인, 장애인은 물론 성 소수자나 이주 노동자, 특정 지역과 집단을 폄훼하고 차별하는 말은 단지 비난 대상이 아닙니다. 범죄 행위입니다. 성희롱이나 지역감정을 부추기는 말도 마찬가지입니다. 이런 막말은 발화 현장에서는 문제 되지 않는 경우가 많습니다. 막말에 동조하고 환호하는 사람끼리 모였을 가능성이 높기 때문입니다. 하지만 이런 막말일수록 바이러스처럼 전염성이 강합니다. SNS 등을 통해 일파만파로 퍼집니다. 증오를 넘어 배제와 폭력으로까지 나아가지요.

'망언'은 막말과 같으면서 다릅니다. 몰상식하고 비이성적이란 측면에서는 같습니다. 망언은 여기에 역사 인식의 부재가 추가됩니다. 일본군 '위안부' 문제나 독도 영유권을 둘러싼 일본의 주장처럼 억지이고 궤변이지요. 5·18 민주화 운동과 세월호 참사 관련 망언은 입에 담기조차 어려울 만큼 반인륜적입니다. 망언은 표현의 자유라는 방패와 역사 인식의 차이라는 창으로 무장하고 시시때때로 고개를 내밉니다. 사실을 왜곡하고 부정한다는 점에서 망언은 표현의 자유를 누릴 자격이 없습니다. 역사 해석의 문제도 아닙니다. 이미 대다수의 사람이 동의하고 합의한 내용에 반하는 것이기 때문입니다. 그저 역사의 심판 대상일 뿐입니다.

말실수도 습관입니다. 방심하는 순간 찾아옵니다. 입을 열기 전에 생각해 봐야 합니다. '내가 꼭 이 말을 해야 하나? 해야 한다면 때와 장소는 적당한가? 내 말로 인해 상처받는 사람은 없을까?' 백 마디 잘해 얻는 이득보다 한마디 잘못해 잃는 손해가 더 큽니다. 패가망신할 수 있습니다. 할까 말까 망설여지는 말은 안 하는 게 맞습니다. 말은 하고 나면 돌이킬 수 없지요. 하지만 침묵은 바탕색과도 같습니다. 뭐든 그릴 수 있는 가능성입니다. 침묵하고 있는 한 아직 기회가 있습니다. ☺

Day 25
말투는 운명을 바꾼다

말투와 인격

　　서울로 올라온 지 40년이 넘었습니다. 그사이 인상 좋다는 소리를 수도 없이 들었지요. 내 얼굴이 호감형이어서 그러려니 생각합니다. 하지만 얼굴에 비해 말투는 콤플렉스에 가까웠습니다. 서울 생활을 그리 오래 했는데도 바뀌지 않는 사투리 억양이 싫었습니다. 내 목소리가 듣기 싫어 출연한 방송도 보지 않았습니다. 어쩌다 TV나 라디오에서 내 목소리가 나오면 소스라치게 놀라 채널을 돌렸지요. 묵음으로 해 놓고 얼굴만 보면 참 보기 좋은데 말입니다.

　　그런 내가 「강원국의 말 같은 말」이라는 라디오 프로그램을 진행할 때 매주 세 개의 원고를 쓰고 녹음했습니다. 라디오니까 나의 강점인 얼굴이 나오지 않았지요. 그럼에도 이런 말을 들었습니다.

"방송 잘 듣고 있어요. 말이 어눌하긴 하지만 오히려 그게 더 매력적이에요. 따뜻하고 진실해 보여요."

심지어 내레이션 작업을 해도 좋은 목소리라고 말하는 사람까지 있습니다.

●●

"나이 마흔이 되면 자기 얼굴에 책임을 져야 한다."라고 미국의 16대 대통령 에이브러햄 링컨이 말했지요. 나는 '얼굴' 자리에 '말투'를 넣고 싶습니다. 누군가를 만나고 나면 그에 대해 평들을 합니다.

"그 친구 수더분하고 느낌이 좋아."

"그 사람 되게 까다롭고 신경질적일 것 같아."

이런 평가에 큰 영향을 미치는 것이 '인상'입니다. 그런 인상을 결정하는 요인은 많습니다. 얼굴 생김새, 표정, 몸짓, 옷매무새 등 다양합니다. 그래서 마음에 드는 이성이나 중요한 인물을 만날 때는 얼굴을 매만지고 옷차림이나 표정, 자세에 신경 쓰기도 하지요. 좋은 인상을 주기 위해서입니다.

그런데 미처 챙기지 못하는 게 있습니다. 바로 말투입니다. 자신도 모르게 입에서 불쑥 튀어나오는 말 습관 같은 것 말입니다. 많은 사람이 자기 말투에 별 관심이 없습니다. 하지만 말투야말로 그 사람의 됨됨이에 가장 가깝습니다. 그 사람이 누구인지 알려면 얼굴이나 옷차림만 볼 게 아니라, 말도 들여다보는 게 맞습니다. 왜냐하면 말투에는 그 사람의 성격이 묻어 있고, 살아온 이력이 배어 있기 때문입니다. 말투는 들리는 억양이나 어감 이상을 포괄합니다. 조금 과장하자면 말투는 인격 그 자체입니다.

　말투는 정직합니다. 얼굴은 화장할 수 있고 옷차림은 단장할 수 있지만 말투는 속일 수 없습니다. 예를 들어 말투가 퉁명한 사람과 상냥한 사람이 있다고 합시다. 첫인상은 말투가 상냥한 사람이 좋습니다. 그런데 그 상냥함이 꾸며 낸 것이라면 우리는 그것을 금세 눈치챕니다. 그리고 그런 거짓 상냥함에 최악의 점수를 줍니다. 반대로 겉으로는 퉁명해 보여도 그것이 속 깊은 무뚝뚝함이라면 오히려 더 호감을 느끼게 됩니다. 그런 사람을 요즘 말로 '츤데레'라고 하죠.

　문재인 대통령이 그 대표적인 예입니다. 그의 말은 세련되지 않았습니다. 말재주를 타고난 분도 아닙니다. 그런데 희한하게 설득력이 있습니다. 왜일까요. 바로 신뢰감입니다. 어눌하지만 믿음이 가는 말투 때문입니다. '말재주가 있다', '언변이 좋다'는 말은 좋은 의미로만 쓰이지 않습니다. 진실하지 못하고

임기응변에 능하다, 꼼수와 잔재주를 부린다는 뜻을 내포하고
있습니다. 문 대통령은 말재주가 없는 게 도리어 장점으로 작
용하는 거죠.

만나고 나면 다시 만나고 싶은 사람이 있는가 하면, 그렇
지 않은 사람이 있습니다. 모든 일은 사람과의 관계 속에서 이
루어지기 때문에 만나고 싶지 않은 사람이 되는 것은 치명적입
니다. 여기에도 말투는 결정적 역할을 합니다. 가만히 생각해
보세요. 만나자는 연락이 왔을 때 선뜻 반가운 마음이 드는 사
람이 있는가 하면, 왠지 언짢고 싫은 느낌이 드는 사람이 있지
않나요? 이유가 뭘까요. 꺼림칙한 느낌이 드는 경우는 만나고
나면 기운이 빠지거나 지치는 사람입니다. 만나기 전보다 기분
상태가 좋지 않습니다. 이에 반해 만나면 흥이 나고 헤어지기
아쉽고 또 만나고 싶은 사람이 있습니다.

바로 이 기분을 좌우하는 것이 말투입니다. 말에도 모양이
있습니다. 그리고 말투는 말을 담는 그릇의 모양입니다. 말을
들어 보면 내용과는 무관한, 그런 모양새가 보입니다. 그것을
말본새라고 합니다. 이런 말본새는 상대에게 감정적인 영향을
미칩니다.

"그 친구 말본새하고는…."

이렇게 말할 때는 말투에 감정이 상한 것입니다. "그 사람

말을 참 예쁘게 한다."라고 할 때는 말투에 호감이 가는 것이고
요. 어찌 보면 말은 옳고 그름보다 듣는 사람의 기분이 더 중요
한지 모릅니다.

　　그런 점에서 옳은 말을 기분 나쁘게 하는 경우가 관계에는
가장 안 좋습니다. 옳고 바른 소리는 듣는 사람에게 부담을 줍
니다. 싫어도 따라야 할 것 같고 바르지 못한 자신을 자책하게
만듭니다. 차라리 그른 소리라면 그러려니 하고 넘어가거나 항
변이라도 할 텐데, 말이 그럴듯해 반박하기가 마땅치 않으면
곤혹스러운 상황이 됩니다. 여기에 엎친 데 덮친 격으로 말투
까지 고까울 때 우리는 '예의가 없다'고 합니다. 이것은 관계의
사망 선고에 가깝습니다.

　　말투에는 호칭과 존대 정도가 큰 영향을 미칩니다. 신입
사원 시절, 그러니까 대리나 과장 같은 직함이 없던 시절에 상
사마다 나를 여러 호칭으로 불렀습니다. '강원국 씨', '원국 씨',
'미스터 강', '강군', '어이', '야' 등으로요. 가장 듣기 좋았던 건
'원국 씨'였습니다. 나에 대한 존중감과 친밀감이 동시에 묻어
있다고 느꼈거든요. 노무현 대통령을 모실 때도 그랬습니다. 처
음에는 '연설 비서관'이었다가 '강 비서관', '강원국 씨', '원국
씨'로 발전했습니다. 돌아가시기 달포 전 마지막으로 봉하마을
에서 뵀을 때, 처음으로 '원국 씨'라고 부르셨지요.

존대를 하는 정도도 중요합니다. 일을 시킬 때 '해라', '하게', '하세요', '해요', '하시게' 등 다양하잖아요. 늘 반말을 지껄이는 사람도 있고, 아무리 아랫사람이라 해도 깍듯하게 존대하는 사람이 있지요. 예의를 지켜 존대해 주는 사람이 좋지만 그렇다고 너무 정중하면 거리감을 느끼기도 하고요. 대하는 사람에 따라 어느 수준의 존대를 할 것인지는 매우 중요하지요.

누군가는 말투 때문에 손해를 보고 또 누군가는 말씨 덕분에 일이 술술 풀리기도 합니다. 인간관계에서 말투로 손해 보는 사람의 특징이 있습니다.

첫째, 누군가를 항상 비난합니다. 이 사람은 이래서 싫고, 그 사람은 뭐가 잘못됐고, 모두가 못마땅합니다. 비아냥대고 빈정거리는 말투로 험담을 입에 달고 삽니다. 누군가를 칭찬하면 "글쎄, 그게 그렇게 칭찬할 만한 일일까? 네가 잘못 알고 있는 게 많을걸." 하며 시큰둥하게 반응하지요. 그에 반해 자신에 대해서는 "내가 예전에는 이랬다.", "누구와 친분이 있다."라고 말합니다. 지금의 나는 없고 과거의 자신과 자신이 아는 사람만 있습니다. 자신의 낮은 자존감을 남 흉보는 것으로 메우려고 하는 것입니다. 이런 사람을 만나면 나도 언젠가 이 사람의 도마 위에 올라 칼질당할 것이란 생각이 들고, 그래서 만나기 싫습니다.

둘째, 입만 열면 구시렁구시렁, 틈만 나면 투덜투덜거립니다. "나는 되는 일이 없어." 징징대고, '짜증 나', '재수 없어', '힘들어 죽겠다'는 말을 툭툭 내뱉습니다. 늘 화가 나 있고 말에 불평불만이 배어 있습니다. 결국은 "내가 하는 일이 그렇지 뭐.", "난 역시 안 된다."라며 자기 비하로 끝을 얼버무립니다. 나는 그런 사람을 만날 때마다 기가 빨리는 느낌입니다. 당연히 피하게 되지요.

셋째, 고자세입니다. 친구가 무슨 말을 하면 '알아, 알아!', '그게 아니고', '뭐 그런 쓸데없는 소리를 해', '됐고', '거기까지만' 그러면서 상대 말을 끊습니다. 그리고 자기 말을 합니다. 이런 사람일수록 자신이 말을 잘한다고 생각합니다. 대화에서 자기 말의 점유율이 낮아지는 걸 견디지 못합니다. 늘 이기려 하고, 주인공이 되려고 합니다. 예를 들면 이런 것입니다. 누군가 어디에 다녀왔다고 얘기하면 그 말을 듣지 않고 나도 거기에 다녀왔다면서 자기 얘기를 합니다. 사소한 반박에 발끈하고 자기 잘못을 인정하지도 않습니다. 말을 실컷 하면 자신은 후련하겠지만 듣는 사람은 짜증이 나지요. 앞으로 남는 것 같지만 뒤로 밑지는 장사를 하고 있는 것입니다.

　남을 깎아내리고, 힘들다고 투덜대면 당장은 반응이 나쁘지 않습니다. 누군가를 험담하면 듣는 사람도 속이 시원한 대리 만족을 느끼고, 또 불평하는 소리를 들으면 '남들도 힘들게 사는구나.' 하는 생각이 들면서 위안을 얻기 때문입니다. 하지만 듣기 좋은 노래도 한두 번입니다. 이런 말이 거듭되면 점점 싫증을 느끼고, 급기야 그런 말을 하는 사람과 만나기 싫어집니다.

　청소년들이 자주 쓰는 은어도 말투를 만들지요. 이에 대해 어른들의 시선이 곱지 않은 것도 사실이고요. 알아먹기 힘드니까요. 그런데 사실 어른들도 그 나이 때에는 자기들끼리만 통하는 말을 즐겨 썼습니다. 나도 그랬고요. 또래끼리의 우정을 확인하고 어른 세대와 차별화하는 방편으로 은어를 사용한 것이지요. 젊은이의 특권(?) 같은 것이었다고 할까요. 나이를 먹으면서 자연스레 쓰지 않게 되지요. 여러분이 은어 쓰는 것을 권장하지는 않지만 막아서도 안 된다고 생각합니다.

●●

　말투는 습관이고 버릇입니다. 입에 배면 고치기 힘들고 마음가짐과 사고방식, 삶을 대하는 태도에도 영향을 미칩니다. 말버릇이 나쁘면 그런 버릇대로 살게 됩니다. 죽겠다는 말을 입에 달고 사는 사람의 일상이 즐거울 수 없고, 즐겁지 않은 삶 속에서 밝은 미래를 기대하기는 어렵겠지요.

마크 매코맥의 책 『하버드 MBA에서도 가르쳐주지 않는 것들』길벗, 1999에서는 하버드 MBA(경영 전문 대학원) 학생들을 대상으로 한 실험을 하나 소개합니다. 1979년 MBA 졸업생들에게 장차 이루고 싶은 꿈을 말하라고 했습니다. 그런데 단 3퍼센트만이 인생의 구체적인 목표와 계획을 써서 제출했다고 합니다. 97퍼센트는 그저 생각만 했거나 생각조차 하지 않았던 것입니다. 20년이 지나 이들이 어떻게 살고 있는지 조사해 봤습니다. 놀랍게도 구체적인 목표를 적어 낸 3퍼센트의 졸업생이 나머지 97퍼센트의 수입을 합한 것보다 10배 많은 부를 누리고 있었습니다. 조사 결과가 시사하는 바는 분명합니다. 뚜렷한 목표를 가진 사람이 그렇지 않은 사람보다 큰 성공을 이뤄 낸다는 사실입니다.

그런데 뚜렷한 목표를 갖고 있다는 것이 구체적으로 무슨 의미일까요? 머릿속에 그런 생각이 있고 그렇게 마음먹었다고 해서 목표를 갖고 있다고 할 수 있을까요? 마음속에 목표와 꿈이 있어도 말하지 않으면 자신조차 그걸 알 수 없습니다. 그뿐 아니라 말을 해야 자기실현적 예언 효과를 거둘 수 있습니다. 사람은 공개적으로 발언하면 거기에 맞춰 자신의 태도를 바꾸려는 경향이 있기 때문입니다.

말을 길게 발음하면 '마알'이 되는데 마알은 마음의 알갱이란 뜻이라고 합니다. 말이 바뀌면 마음이 바뀌고 마음이 바뀌면 행동이 바뀝니다. 다시 말해 몸은 마음이 가는 대로, 마음은 말이 시키는 대로 합니다. 말은 잠재력을 끌어내고 스스로 미래를 개척하게 합니다.

말이 씨가 되는 현상은 자신뿐 아니라 남에게 건네는 말에서도 나타납니다. 긍정적인 말을 건네면 긍정적인 결과를 낳고, 부정적인 말을 건네면 부정적인 결과를 낳습니다. 입에서 나오는 말이 자신과 타인의 운명까지 바꿀 수 있습니다. 그런 점에서 말투에는 자신감이 배어 있어야 합니다. 부정적이고 비관적이기보다는 긍정적이고 희망적이어야 합니다. 패배주의에 빠져선 안 됩니다.

말투를 고치려면 우선 자기 말투에 관심을 갖고 의식적으로 들여다봐야 합니다. 그리고 말투에 신경 쓰면서 말해야 합니다. 나쁜 말투는 줄이고 좋은 말투는 늘리면 됩니다. 나 스스로 만족하는 나의 말버릇이 있습니다. 일을 시도할 때 "아니면 말고.", 일이 잘됐을 때 "역시!", 잘 안됐을 때 "다음에 잘하면

돼." 이런 말을 자주 쓰려고 노력합니다.

또한 남의 말투를 유심히 듣고, 듣기 싫은 말투를 타산지석으로 삼습니다. 하루 종일 듣는 것이 말이기 때문에 반면교사로 삼아야 할 나쁜 말투를 찾는 것은 어렵지 않습니다. 여러분도 한번 찾아보기 바랍니다. 내 말의 대들보는 잘 안 들려도 남의 말의 티끌은 잘 들리는 법이니까요.

본받고 싶은 사람을 골라 그 사람의 말을 반복해 듣는 것도 좋은 방법입니다. 그러다 보면 자연스럽게 그 사람의 말투를 닮게 됩니다. 이것이 자신의 말투를 바꾸는 가장 빠른 길이 될 수도 있습니다. 따지고 보면 지금 쓰는 말투도 부모나 친구, 학교 선생님에게 영향을 받은 것입니다. 그때는 부지불식간에 그 사람들의 말투를 흉내 냈지만, 이제부턴 의식적으로 닮고 싶은 말투를 따라 해 보세요.

말투가 내일의 운명이 됩니다. 운명은 바꿀 수 있습니다. ☺

Day 26
사람을 사람답게
해 주는 것

인사성

    초등학교 처음 들어갔을 때 기억하나요? 선생님께서 인사하는 법부터 가르쳐 주셨습니다. 인사(人事)는 한자 뜻 그대로 '사람의 일'입니다. 인사는 사람으로서 응당 해야 하는 것입니다. 인사만 잘해도 더불어 잘 살 수 있습니다.

    무엇보다 인사성이 밝아야 합니다. 인사성이 바르다는 소리를 듣는 건 어렵지 않습니다. 인사를 먼저 건네면 됩니다. 학교나 직장, 가게 혹은 음식점에서 서부 활극 주인공처럼 상대가 인사하기 전에 선수를 치면 됩니다. 그런데 왜 그렇게 하지 않을까요? 많은 사람이 자기는 인사를 받는 사람이라는 권위의식을 갖고 있기 때문입니다. 나도 누군가 내게 와 인사해 주기를 기대합니다. 내가 먼저 나서기가 민망합니다. 그렇다면 상대도 어색하지 않을까요? 이렇게 뻘쭘한 상황을 누가 깨야 할까요? 상대가 해 주기를 기다리지 말고, 자신이 먼저 인기척을 건네면 됩니다.

　사람을 잘 알아보는 일도 중요합니다. 인사는 단지 인사말을 건네는 데 그치지 않습니다. "너 누구누구 맞지?", "누구누구 선생님 맞으시죠?" 하며 알아봐 주는 것입니다. 사람은 누구나 자기가 가장 귀합니다. 누군가를 좋아하고 남을 높이는 심리의 기저에는 스스로 존중받고 싶은 마음이 있습니다. '내가 저 사람을 안다.', '저 사람을 좋아한다.'는 생각이 일방적이라는 사실을 확인하면 서운함 또는 배신감을 느끼게 됩니다. 그렇기에 사람을 알아보려고 노력해야 합니다. 모르면 미안한 마음이라도 가져야 합니다. 나를 알아봐 주는 것도 고마워해야 합니다. 인사를 게을리하면 친구들 사이라 해도 무심하다, 건방지다는 소리를 듣게 되고, 그 피해는 고스란히 자기에게 돌아옵니다. 이건 필연인데 자기는 그 영문을 모르고 억울해합니다.

　아울러 인사를 잘 받아야 합니다. 누군가 인사했을 때 건성으로 받지 않고 "아, 원국이구나!" 이렇게 이름을 불러 주거나 시간이 없으면 눈이라도 마주쳐야 합니다. 인사성이 좋다는 것은 인사를 잘한다는 뜻과 함께 인사를 잘 받는다는 의미도 포함되어 있습니다.

인사는 크게 여섯 종류가 있습니다. 안부, 축하, 위로, 격려, 자기소개, 감사가 그것입니다.

첫째, 안부 인사를 자주 해야 합니다. 명절 같은 때에 누구에게나 하는 인사는 효과가 없습니다. 평소에 해야 합니다. 또 누구에게나 하는 인사가 아니라 그 사람에게만 하는 인사여야 합니다. 단체에 똑같은 메시지를 보내더라도 한 사람씩 따로 보내야 합니다. 내용도 의례적이기보다는 각별해야 합니다. 단순히 상대의 안부를 묻는 인사는 각별하기 어렵습니다. "잘 계시지요?", "행복하세요.", "건강을 기원합니다."가 고작입니다. 그보다는 자신의 상태나 상황을 알려 주는 안부 인사여야 합니다.

둘째, 축하 인사도 자주 건넬수록 좋습니다. 축하 인사는 두 가지를 염두에 두면 잘할 수 있습니다. 그 하나는 축하해야 할 대상에 의미를 부여하고 기대를 보이는 것입니다. 예를 들어 생일을 맞은 친구가 있다고 합시다. 단지 생일을 축하하기만 하면 할 말이 별로 없습니다. 그 나이가 갖는 의미를 말해 주고, 앞으로 펼쳐질 미래에 관해 기대를 보이는 것입니다.

축하 인사에서 신경 써야 할 또 하나는 대상을 놓치지 않는 것입니다. 생일을 맞은 사람을 축하하는 것은 기본입니다.

그 친구를 낳아 준 부모님께도 감사하는 인사를 추가하면 할 말이 풍성해지고 내용도 충실해집니다. 졸업식에서 축하 인사를 해야 한다고 할 때, 먼저 졸업하는 친구 또는 선·후배와 학부모께 축하 인사를 해야 합니다. 얼굴을 아는 선생님과 축하하러 온 재학생, 식구들에게도 인사를 건네야 합니다.

셋째, 위로의 인사도 필요합니다. 졸업식에서도 축하만 하는 게 아니라 공부하느라 고생한 친구나 선·후배, 가르쳐 주신 선생님, 뒷바라지한 학부모의 노고도 위로해야 합니다. 위기의 시대라고 하지만 진심 어린 위로를 받은 사람은 좌절하지 않습니다. 다시 일어설 수 있습니다. 위로가 넘어진 사람을 다시 일으켜 세웁니다.

그러나 위로의 말에도 조심해야 할 게 있습니다. 가장 위험한 것이 위로를 가장한 충고입니다. 시험에 떨어진 사람에게 공부를 몇 시간 했느냐 같은 추궁에 가까운 위로는 오히려 마음의 상처를 깊게 합니다. 동정에서 비롯한 위로도 금물입니다. 남의 처지를 딱하게 여기는 것은 좋은데 그것이 동정으로 비치면 위로받는 사람의 자존심을 상하게 할 수 있습니다. 누군가를 불쌍히 여기는 마음은 의외로 복잡합니다. 착한 마음 못지않게 내가 그보다 낫다는 우월 의식과 나는 저런 처지에 있지 않아 다행이라는 생각도 묻어 있습니다. 위로한답시고 당사자의 고통을 과소평가하는 말도 삼가야 합니다. 힘든 일을 겪은 사람에게 "나는 너보다 더한 일도 겪었어."라고 말하는 건 예의가 아닙니다.

넷째, 격려의 인사입니다. 앞으로 나아질 것이라는 희망을 품게 해 주는 격려, 믿어 주고 한편이 되어 주는 격려, 자신감을 키워 주고 최고의 역량을 발휘하게 하는 격려, 주위를 살펴 힘들고 어려운 사람을 향한 격려를 아끼지 않아야 합니다.

다섯째, '인사'를 국어사전에서 찾아보면 "처음 만나는 사람끼리 서로 자기를 소개함."이라고 나옵니다. 그렇습니다. 인사는 자기소개이기도 합니다. 초등학교 시절, 자기소개를 할 때는 특유의 억양으로 "저는 무슨 초등학교 몇 학년 몇 반 몇 번 누구입니다."라고 했습니다. 소속이 중요했던 것입니다. 이후 대학에 가고 사회에 나와서도 어디에 다니는지, 어디에 속해 있는지가 자기소개의 핵심이었습니다. 소속이 곧 자신의 정체성이던 시대였지요. 심지어 지역과 부모를 먼저 언급하기도 했습니다. 내 고향은 어디이며, 무엇을 하시는 부모님 밑에서 자랐는지 말입니다.

지금은 달라졌습니다. 출신과 소속 대신 무엇을 좋아하고, 무엇에 관심이 있으며, 무엇을 잘하고, 무엇을 하며 살았는지 쪽으로 무게 중심이 옮겨 가고 있습니다. 자신 있게 말할 수 있

는 자신의 역량, 성향, 스토리를 가지고 있어야 합니다. 그리고
이 세 가지를 상황에 맞게 적절히 섞어 말할 수 있어야 합니다.
자기소개가 인사말에서 차지하는 비중은 의외로 큽니다.

　여섯째, 감사 인사를 잘해야 합니다. 인사치레가 아니라
진심으로 감사해야 합니다. 감사 인사는 일석삼조의 효과가 있
습니다. 고맙다는 말은 듣는 사람을 기분 좋게 하고 그렇게 말
하는 자신의 마음을 따뜻하게 만들며 감사의 말을 주고받는 사
람 사이의 관계도 좋게 합니다. 마땅히 할 말이 없을 때 무조건
감사해 보기 바랍니다. 불러 줘서 감사, 와 줘서 감사, 기다려
줘서 감사, 함께 밥 먹을 수 있어서 감사. 감사할 것은 우리 주
변에 차고 넘칩니다.

●●

　거듭 강조하지만 인사는 사람으로서 응당 해야 할 일입니
다. 잘된 일에 축하를 보내고, 도와준 데 감사하고, 힘든 사람을
보면 위로와 격려의 말을 전하는 것. 인사말은 사람을 사람답게
해 주는 말입니다. "안녕." 또는 "안녕하세요."라는 말을 먼저 건
네면 됩니다. 축하 인사나 감사 인사도 마찬가지입니다. "축하합
니다.", "고맙습니다." 한마디면 됩니다. 그에 반해 얻는 것은 참

으로 많습니다. 그러니 인사하지 않을 이유가 없습니다.

아들 고등학교 3학년 때 얘기입니다. 학년이 거의 끝나 갈 무렵 아들의 담임 선생님을 우연한 기회에 만나게 됐습니다. 아이를 보내 놓고 한 번도 인사드리지 않았던 터라 순간 당황했습니다. 아내를 힐끗 보니 나보다 더 난처한 표정이었지요. 나는 청와대 일로 바쁘다는 핑계라도 있지만, 아내야말로 변명의 여지가 없었습니다. 이때 아내가 이렇게 인사했습니다.

"그동안 아다리가 안 맞아서 못 뵈었네요. 죄송합니다."

명색이 연설 비서관 아내가 처음 만난 선생님께 '아다리(적중이라는 뜻의 일본어)'라니! 인사는 제때 해야 합니다. 준비 안 된 인사말은 이런 참사(?)를 낳기도 하거든요. ☺

Day 27
진짜 리더를 꿈꾸는 이에게

리더의 사고법

내가 모신 김대중, 노무현 두 전직 대통령은 공부 중독자란 공통점이 있습니다. 독서하고 학습하는 시간이 가장 행복하다고 했습니다. 두 분 모두 상업 고등학교를 졸업했습니다. 가정 형편이 어려워 대학에 진학하지 못했습니다. 그만큼 공부에 대한 갈증도 있었겠지만, 그 이유만은 아니었습니다. 그들이 공부에 열중한 것은 자신이 리더였기 때문입니다. 리더는 말하고 쓰는 사람입니다. 말과 글을 통해 어떻게 살아야 하는지, 그러기 위해 무엇을 알아야 하는지 알려 주는 사람입니다. 그런데 말하고 쓰기 위해서는 자신부터 알아야 하고, 알기 위해서는 공부해야 합니다. 공부한 만큼 잘 말하고 잘 쓸 수 있습니다. 그런 점에서 공부는 리더의 숙명입니다.

여러 CEO와 대통령을 모셨습니다. 재계 서열 두 번째 기

업 총수부터 또 다른 대기업 회장과 중견 그룹 회장, 국내 최대
증권사와 벤처 기업 사장, 그리고 출판사 대표까지. 대통령도
국정을 운영하는 최고 경영자라고 보면 10명이 넘는 CEO들의
참모 역할을 했습니다. 내가 경험한 리더는 이런 특징이 있더
군요.

- 이야기가 있습니다. 자신만의 스토리가 있지요. 고난과 역경, 거기서
  배우고 느끼고 깨닫고 알게 된 교훈, 시사점, 노하우가 있습니다.
- 질문합니다. 곰곰히 보고 묻습니다. 늘 알고 싶어 합니다. 의문과 문제의
  식을 갖고 사는 것이지요.
- 한마디로 정리합니다. 현상이나 문제, 사건의 본질을 설득력 있고 감동
  적인 한 줄로 전달합니다.
- 비유를 잘합니다. 비유와 예시를 통해 쉽게 설명합니다.
- 유머가 있습니다. 재치와 여유가 넘칩니다.
- 청중과 호흡합니다. 자세를 낮추고 눈을 맞춰 공감을 이끌어 냅니다.
- 생각을 많이 합니다. 그들에게 생각하는 시간은 말하기와 글쓰기를 준
  비하는 시간입니다.
- 공감력이 있습니다. 타인의 심정, 입장, 처지, 사정을 헤아리려고 노력
  합니다.
- 신념에 차 있습니다. 소신과 철학이 있고, 가치관, 세계관, 인생관 등이

정립돼 있습니다.

- 긍정적이고 희망적입니다. 비관하거나 의기소침하지 않습니다. 자신감에 차 있습니다.

- 자신이 속한 공동체를 사랑합니다. '나'만이 아니라 '우리'를 생각합니다.

- '현재'와 함께 '미래'를 빠트리지 않습니다. 조직이나 공동체의 미래를 걱정하고, 해법이나 대안을 내놓습니다.

이러한 특징을 지닌 리더는 어떻게 정의할 수 있을까요? 나는 '무엇을 말할 것인가?'를 고민하는 사람이라고 정의합니다. 즉 소통하는 사람입니다. 자기 말과 글로 구성원과 소통하는 사람이지요. 이게 곧 리더십입니다.

먼저 리더는 "어떻게 할까요?"란 질문에 대답하는 사람입니다. 구성원들은 최종 선택과 결정을 리더에게 미룹니다. 보고서는 리더의 의견을 묻는 질문지 같은 것입니다. 여기에 리더는 가타부타 답변해야 합니다. 리더의 대답이 조직의 성패를 좌우합니다. 대답을 잘하는 게 말처럼 쉽지 않습니다. 따라서 항상 준비하고 있어야 합니다. 주변 사안과 닥칠 문제에 신경을 곤두세우고 거의 모든 사안에 관해 자기 답변을 마련해 둬야 합니다. '저것에 대한 내 의견, 해법, 관점, 해석, 아이디어는 뭐지?' 생각해 봐야 합니다. 이런 답변의 중압감을 견디는 게 리더의 숙명입니다.

때로는 그런 책임이 두렵고 버겁기도 합니다. "그거 생각해 보지 않았는데?", "생각해 보고 얘기할게." 하는 순간 리더는 없습니다. 적어도 리더의 권위는 땅에 떨어집니다. 물론 구성원들에게 물어보고 그들과 협의할 수 있습니다. 하지만 어쨌든 최종 결정은 리더가 해야 합니다. 리더는 일어날 문제에 관해 대비책을 마련하고 일어난 문제에 관한 해법을 제시하는 사람이기 때문입니다.

둘째, 리더는 무언가를 하자고 제안하는 사람입니다. 이런 제안에는 다섯 가지가 필요합니다.

❶ '무엇을 하자' 혹은 '무엇을 해야 한다'라는 주장

❷ 하려고 하는 배경, 취지, 맥락, 의도, 목적 등에 관한 충분한 설명

❸ 그것을 하면 좋은 점 혹은 안 하면 생기는 문제점

❹ 그것이 성공했을 때 펼쳐질 청사진과 비전

❺ 그것을 위해 구성원들이 해야 할 역할과 노력

셋째, 리더는 쓰는 사람입니다. 글을 써서 남을 설득하고 영향력을 행사하고 뜻을 관철할 수 있어야 합니다. 이러한 글쓰기를 위해 세 가지 틀이 필요합니다.

하나는 '생각 틀'입니다. 글쓰기는 생각 쓰기입니다. 생각하기 위해서는 나름의 틀이 있어야 합니다. 틀이 없으면 막연합니다. 무언가를 쓰려 할 때, 머릿속이 하얗게 되는 것은 틀이 없어서입니다.

리더의 생각 틀

- 쟁점에 대해 나는 찬성과 반대 어느 쪽일까?

- 문제를 다른 각도로 볼 수는 없을까?

- 문제의 원인과 이유는 무엇이고, 이에 대한 해결책은 무엇인가?

- 이것을 했을 때 명분과 실리, 위협과 기회는 무엇일까?

- 통념이나 고정 관념을 뒤집어 생각해 보면 어떤 결론이 나올까?

- 부분과 전체, 보편성과 특수성이란 관점에서 볼 수는 없을까?

- 더 깊이 보면 본질을 파악할 수 있지 않을까?

- 더 꼼꼼하게 봐야 놓치는 게 없지 않을까?

- 더 멀리 봐야 예측하고 전망할 수 있지 않을까?

- 더 폭넓게 보면 새로운 아이디어를 얻을 수 있지 않을까?

- 이 생각과 저 생각을 합하면 어떤 생각이 나올 수 있을까?

그다음은 '정리 틀'입니다. 생각을 글로 쓸 때 정리가 필요
합니다. 자료를 찾아 요약하는 데도 정리 과정이 있어야 하고
요. 일기는 오늘 한 일과 느낀 점, 즉 사실과 느낌이란 정리 틀
로 쓸 수 있습니다. 칼럼은 현상과 문제점, 해법이란 정리 틀로
씁니다.

리더의 정리 틀

- 쓰고자 하는 내용을 한마디로 정의한 후 그 이유와 근거를 댄다.
- 다섯 가지 안으로 정리한다.
- 관찰한 내용을 묘사한 후 그것에 관한 설명과 해석을 붙인다.
- 내 의견을 말하고 이에 대한 반대 의견을 소개한 후, 나에게 맞는 결론을 내린다.
- 비교와 대조를 통해 비슷한 점, 다른 점을 얘기한다.
- 어느 것을 나누거나 합치는 분석과 종합을 활용한다.
- 주장하고, 그 이유를 댄 뒤 예시를 들고 다시 주장한다.
- 목표를 제시하고, 현재 상황을 따져 본 뒤 그 격차를 줄이기 위한 전략과 방법을 세운다.
- 여러 대안을 생각해 보고 장단점을 분석한 뒤, 선택 기준을 갖고 하나의 안을 고른다.
- 시간 순서나 공간별로 정리한다.

마지막으로 '고치기 틀'입니다. 고치기의 기본적인 틀은 넣기, 빼기, 옮기기, 수정하기, 다시 쓰기입니다. 내가 모신 리더들은 '고치기 체크 리스트'가 머릿속에 있었습니다. 글을 고칠 때 이런 체크 리스트 순서대로 하나씩 하나씩 체에 거르듯 걸러 보았습니다. 이런 고치기 틀이 있어야 일관성 있게 글을 고칠 수 있고 때에 따라 오락가락하지 않습니다.

●●

말과 글보다 더 중요한 게 있습니다. 바로 삶입니다. 같은 내용의 말과 글도 누가 했느냐에 따라 설득력에 차이가 납니다. 사람들은 자기가 좋아하는 사람의 말과 글을 좋아합니다. 믿고 따르고 싶은 사람이 하는 말과 글은 쏙쏙 박히고 고개가 절로 끄덕여집니다. 이 모두 그 사람의 삶에 영향받습니다. 리더는 삶을 본받고 싶은 사람입니다. 좋은 리더가 되려면 잘 살아야 하는 이유이지요. ☺

Day 28
어느 대학 아니고
이런 사람인데요?

나다움

코로나19 위기를 겪으면서 별별 생각이 다 났습니다. 그중 하나가 머지않아 학교가 없어질 것이라는 상상입니다. 공부하는 물리적 장소로서의 학교 말입니다.

나는 강의하고 글을 쓰는 사람입니다. 코로나19 초기에 강의가 모두 끊겼습니다. 그러다 온라인으로 하는 비대면 강의가 늘어나기 시작했습니다. 코로나19 시대의 학교에서도 많이 했지요. 비대면 강의는 단점도 있지만 나름의 장점도 많습니다. 공간적·시간적 제약에서 자유롭다는 것이 가장 좋은 점입니다. 어디서나, 아무 때나 들을 수 있지요. 일정한 시간에 등교해야만 수업을 들을 수 있는 게 아닙니다. 각자 편한 시간에 편한 장소에서 들으면 됩니다. 반복해서 들을 수도 있고요. 여기에 익숙해지면 코로나19가 물러나도 대면 수업으로 돌아가기 어렵겠구나, 하는 생각도 들었습니다.

강의도 처음에는 줌(원격 회의 서비스)을 쓰는 게 무서워 집에서 해도 되는 강의를 굳이 강의실에 가서 했습니다. 집에서 강의하다 시스템에 문제가 생기면 이를 해결할 사람이 없다고 생각해서였습니다. 하지만 이제는 나도 집에서 능수능란하게 비대면 강의를 합니다.

언젠가 학생들은 학교에 가지 않게 될 것입니다. 적어도 수업을 듣기 위해 학교에 가진 않을 것입니다. 선생님이 가르치는 내용을 듣고 읽는 것은 집에서도 가능하기 때문입니다. 물론 학교의 기능과 역할은 가르치는 것 말고도 다양합니다. 친구들과 교류하고 체력을 기르는 등의 역할은 지속되어야겠지요. 하지만 등교가 일상적이고 당연한 일로 취급되진 않을 것입니다. 특별한 날을 정해 학교에 나가겠지요.

나아가 입학도 없어질 것입니다. 왜 우리는 입학했는가 하면 매일 등교하는 학교를 정해야 했기 때문입니다. 그런데 비대면 수업이 활성화되면 학생들이 정해진 학교 선생님에게만 수업을 들을 필요가 없을 겁니다. 다른 학교 선생님에게 들으면 안 되나요? 비대면 수업이 불가능했을 때는 그럴 수밖에 없었지만 앞으로는 그러지 않아도 되거든요. 비대면 강의가 대중화되었 잖아요. 기술적으로 얼마든지 가능해졌습니다. 이미 여러분은 유튜브나 인터넷 강의를 통해 많은 것을 배우고 있지요.

학교에 다니지 않으면 졸업장은 어디서 받느냐고 물을 수 있습니다. 결론부터 말씀드리자면 졸업장이 의미 없는 시대가 올 것입니다. 사람을 뽑을 때 졸업장을 보지 않을 것이라는 얘기입니다. 지금은 "어느 학교 나왔느냐?"라고 묻습니다. 그것을 보고 사람을 뽑습니다. 졸업장이 그 사람의 능력을 대변하지요. 이렇게 된 데에는 '대졸 공채' 제도가 핵심적 역할을 해 왔습니다. 기업은 대학을 갓 졸업한 사람의 역량을 알 길이 없었습니다. 어차피 필요한 역량은 기업에서 재교육을 통해 키워야 하지요. 그런 상황에서 역량을 확인할 수 있는 길은 어느 학교에서 무슨 전공을 했느냐가 전부였습니다. 졸업장에서 이런 걸 확인했지요. 그래서 졸업장이 중요했고, 더 나은 졸업장을 따기 위해 초·중·고등학교 시절을 보냈습니다.

물론 졸업장에서 확인할 수 있는 것도 있습니다. 이른바 좋은 대학을 나온 학생은 대개 해야 하는 일을 열심히 한 사람입니다. 성실하고 인내심과 끈기가 있습니다. 남의 인정을 받기 위해 노력한 사람입니다. 말을 잘 듣습니다. 책임감도 강해서 시키는 일을 완수해 냅니다. 기업에서는 이런 사람이 필요했습니다. 그래서 이런 성향과 역량을 갖춘 사람을 찾았습니다.

그런데 인공지능 시대에도 이런 역량이 중요할까요? 인공지능은 잘 참고 꾸준합니다. 시키는 것을 군말 않고 해냅니다. 감정의 기복도 없지요, 이해하고 분석하고 기억하는 능력은 인간이 따라갈 수 없을 만큼 탁월합니다. 이미 ChatGPT(챗지피티) 사용자가 2억 명(2023년 2월 기준)에 육박한다고 합니다. ChatGPT는 어떤 질문을 해도 대답합니다. 모르는 게 없는 만물박사입니다. 미네소타 대학교 법학 전문 대학 시험에서 에세이를 작성해 합격 점수를 획득했고, 와튼 스쿨 MBA 과정 최종 시험에서도 합격 점수를 받았다고 합니다. 그런데 이 챗봇은 있는 사실은 말할 수 있지만 자기 의견이 있진 않습니다. 인간이 제공한 정보와 데이터 안에서만 답변을 내놓을 수 있기 때문입니다.

창의력은 여전히 인간의 몫입니다. 그런데 내가 학교 다닐 적만 해도 공부 잘하는 것과 창의력은 관계가 없었습니다. 창의력과 밀접한 질문, 관찰, 공감, 상상, 감성 역량이 부족해도 공부는 잘할 수 있었습니다. 도리어 이런 역량이 부족할수록 공부를 더 잘했던 것 같습니다.

그렇다면 창의성이 성패를 좌우하는 시대에도 기업은 여

전히 졸업장을 보고 직원을 채용할까요? 아, 이럴 순 있겠네요. 이른바 명문대 나온 친구들을 뽑아 둬야 정부 기관에 선을 대야 할 때 써먹을 수 있다고요. 이것 역시 시대착오적입니다. 세상은 앞으로 더 투명해질 테고, 인맥의 힘은 갈수록 맥을 못 추게 될 것입니다.

　무엇보다 기업이 정부 눈치 보느라 대학 졸업자를 뽑는 일을 지속하지 않을 것입니다. 대신 경력직을 선호할 것입니다. 이미 자신들에게 필요한 역량이 검증된 사람, 돈 들여 재교육할 필요가 없는 사람을 뽑으려 할 것입니다. 그럴 만큼 시장 권력이 세졌습니다. 나도 벤처 기업에서 사람 뽑는 일을 했습니다. 대기업은 나온 학교를 주로 보지만, 중소 벤처 기업은 경력을 주로 봤습니다. 어느 대학을 졸업했는지는 전혀 중요하지 않았습니다. 조직에서 필요로 하는 역량과 기술을 갖췄는지, 그 분야에서 어떤 실적과 성취를 해냈는지를 봤습니다. 당연하지 않나요? 그런 사람이 회사에 성공을 가져다줄 수 있으니까요. 또 그것이 올바른 평가 방식이기도 하고요.

　미국이나 유럽의 기업도 대학 졸업장을 보고 사람들을 뽑지 않느냐, 그래서 거기도 기를 쓰고 명문 대학에 가기 위해 노력하지 않느냐고 반문할 수 있습니다. 맞습니다. 그들도 대학 졸업장을 봅니다. 그런데 그런 연유가 우리와 다릅니다. 미국이나 유럽은 수학 능력과 자질만 보고 학생을 뽑아, 우수한 학생으로 변화시키는 역할을 대학이 수행하고 있습니다. 기업은 그런 대학의 역할에 대해 신뢰하기 때문에, 좋은 대학을 나왔으면 우수한 역량을 갖췄을 것이라고 믿고 뽑는 것이죠. 졸업장이 그런 역량의 보증 수표인 셈입니다.

이에 반해 우리는 대학의 역할이 거의 없습니다. "21세기 학생을 20세기 교수가 19세기 방식으로 가르친다."라는 말이 나올 정도입니다. 대학에서 우수한 학생을 만들고 키우는 게 아니라, 우수 학생을 받아서 그대로 사회에 내보내고, 그런 졸업생을 받아 기업이 다시 교육시키고 있습니다.

결론적으로 대학 졸업장을 보고 사람을 뽑지 않으면 좋은 대학에 가기 위해 경쟁하지 않을 것이고, 초·중·고등학교가 대학 입시에서 자유로워질 것입니다.

앞으로는 어느 학교를 나왔느냐가 아니라 무엇을 잘할 수 있느냐가 중요해질 것입니다. 그런 징후는 이곳저곳에서 나타나고 있습니다. 한 예로 책의 저자 소개를 보면 어느 대학을 나왔다는 걸 표기하는 경우가 드뭅니다. 대신 자신이 무엇에 관심이 있고, 무얼 잘할 수 있으며, 어떻게 살아왔는지 말합니다. 과거같이 어디에서 태어나 어느 대학을 나와 어떤 직장에서 일했는지, 다시 말해 '어디'를 강조하지 않습니다. 교과목을 고루 잘해서 평균 점수가 높은 것보다는 어느 것 하나, 자신이 좋아하고 남보다 잘할 수 있는 그 무엇에 몰입하는 게 맞지요. 요즘 구독자 수십만 명을 보유하고 있는 유튜버들도 마찬가지입니다. 자신만의 콘텐츠를 가지고 보다 신선하고 창의적인 소재를 발굴해 구독자를 끌어모으는 그들에게 더 이상 학벌은 중요하지 않습니다. 자기 분야에서 경쟁력만 갖춘다면 운동선수나 프로 게이머에게도 사람들은 어느 학교를 나오고 어떤 배경을 지녔는지 묻지 않습니다. 그것이 바로 새로운 시대에 앞서가는 길이 되지 않을까요? ☺

Weekly Note 4
공부의 범위 확장하기

1 나만의 관계 맺기 원칙 세워 보기

(1)

(2)

(3)

2 고치고 싶은 말버릇·말 습관·말투 써 보기

나를 찾아 떠나는 짜릿한 여정

공부는 자기다움을 찾아가는 여정입니다. 내가 누구인지, 나는 무엇을 좋아하는지, 내가 잘할 수 있는 일은 무엇인지를 찾아가는 과정이 공부입니다. 그 과정이 순탄하지만은 않습니다. 우여곡절과 시행착오를 겪어야 합니다. 한 번에 되는 일은 거의 없습니다. 여러 번의 시도 끝에 이뤄지는 일이 대부분입니다. 도전해야 하지요.

노무현 대통령이 한미 FTA(자유 무역 협정) 체결을 앞두고 연설문을 준비하며 이렇게 말했습니다.

"시도하고 도전하면 성공할 수도, 실패할 수도 있다. 하지만 도전하지 않으면 100퍼센트 실패다." 그러면서 "나는 세 대 맞고 네 대 때릴 수 있으면 도전한다. 한 대도 안 맞으면서 할 수 있는 일은 없다."

김대중 대통령도 비슷한 얘기를 했지요.

"배는 항구에 정박해 있을 때 가장 안전하다. 하지만 그건 배가 아니다. 배는 바다에 나가 있을 때 배다. 바다가 잔잔하면 배는 앞으로 나아가지 못한다. 풍랑이 일고 파도가 칠 때 배는 전진한다. 그런 점에서 풍파는 앞으로 나아가려는 사람에게 좋은 벗이 된다."

뭔가를 시도해야 합니다. 아무것도 하지 않으면 아무 일도 일어나지 않습니다. 내가 무얼 좋아하는지 알려면 해 봐야 합니다. 무엇을 잘할 수 있는지는 실패와 시행착오 끝에 찾아집니다. 패배가 두려워 축구 시합을 피하거나, 넘어지는 게 무서워 스케이트를 타지 않으면 자신이 축구를 잘할 수 있는지, 스케이팅을 좋아하는지 알 수 없지요. 시도하고 도전해 봐야 알 수 있습니다.

쉰 살 넘어 알았습니다. 내가 말을 잘한다는 사실을 말입니다. 그전까지 나는 참으로 과묵했습니다. 남 앞에서 말하는 게 가장 두려웠습니다. 고등학교 다닐 적까지는 말할 일이 없었습니다. 학교에서 발표, 토론 같은 걸 하지 않았으니까요. 초등학생 때 웅변이란 걸 해 본 적은 있었네요. 반 대표로 웅변대회에 나갔지만 입상은커녕 예선 탈락했습니다. 친구들은 내가 웅변하면서 보인 특유의 억양을 흉내 내며 놀렸습니다. 다시는 말하지 않겠다고 마음먹었습니다. 하지만 그 뒤로 말을 잘하기까지 세 번의 계기가 있었습니다.

첫 번째는 대학교 4학년 졸업 논문 발표였습니다. 형식적인 과정이었지만 발표하지 않으면 졸업할 수 없었습니다. 지도교수와 친구들 앞에서 5분 정도 말하면 됐지요. 하지만 제게는 천 길 낭떠러지로 뛰어내리는 일이었습니다. 졸업은 해야겠기에 결국 술을 물병에 담아 와서 발표 직전 화장실에 가서 마셨습니다. 소주 한 병 분량의 양주를 들이켠 탓에 혀는 꼬였지만 말하는 게 두렵진 않았습니다. 교수님께서 "너는 어제 무슨 술을 그렇게 마셨냐?"라고 했지요.

대학 시절 내내 말하지 않았습니다. 아니, 못했습니다. 당시만 해도 친구들끼리 모이면 논쟁이 잦았습니다. 정치, 경제, 사회 문제 등 시국에 관해 격렬하게 토론했습니다. 나는 한마디도 못 했습니다. 할 말도 없었고 설사 있어도 말할 자신이 없었습니다. 그리고 친구들이 "이제 늦었으니 집에 가자."라고 할 때 허탈했습니다. '나는 아직 한마디도 못 했는데…' 싶으면서 화도 났지요. '서울에서 산 너희들은 어릴 적부터 보고 들은 게 많구나. 이거 불공평한 것 아냐?' 생각했지만 정작 화를 낸 대상은 나 자신이었습니다. 못난 스스로에 대한 화풀이였지요.

두 번째 계기는 노무현 대통령을 만나고 나서입니다. 대통령은 토론을 좋아했습니다. 광복절을 앞둔 어느 날, 설렁탕 가게에서 점심을 먹고 있는데 대통령 비서실의 부속실에서 연락이 왔습니다.

"대통령 님께서 이번 광복절 경축사를 어떤 내용으로 할지 토론하자고 하십니다. 연설 비서관이 발제하라고 하십니다."

나는 숟가락을 놓으며 생각했습니다.

'이제 떠날 때가 됐구나.'

떠날 생각을 실제로 했습니다. 하지만 이런 생각도 들었습니다. '여기 나가면 다신 볼 일 없는 사람들인데 마지막으로 망신 한번 당하고 나가? 대통령이나 수석들을 길거리에서 만날 일도 없잖아.' 우여곡절을 거쳐 발표하게 됐습니다. 발표 내용을 글로 작성해 외웠지요. 쓰기와 외우기는 시간만 들이면 가능하니까요. 그리고 발표 시간, 천장을 보고 외운 것을 뇌까렸습니다. 분위기가 싸해진 걸 느꼈지만 나는 일사천리로 내질렀습니다. 내 말이 끝났을 때 맞은편에서는 '이게 뭐지?' 하는 반응이었지요. 아무도 질문하지 않았습니다. 아마도 일심동체가 된 듯했습니다. '저 친구를 구해 줘야겠다. 빨리 저기서 내려올 수 있게 도와주자.' 나는 발표를 마칠 수 있었습니다.

　세 번째 계기가 된 그날은 내가 처음으로 주례를 선 날입니다. 그때 쉰 살이었으니 주례 서기에는 이른 나이였지요. 서 있지 못할 정도로 떨렸습니다. 결혼식이 오후 3시였는데 오전부터 전혀 모르는 사람들의 결혼식을 보면서 주례 공부를 했습니다. 그리고 무사히 마쳤습니다. 문제는 그로부터 일주일 후에 벌어졌습니다. 위암 선고를 받은 것이지요. 그런데 위암 선고를 받은 병원이 주례 선 데서 100미터도 떨어지지 않은 곳이었습니다. 그때 이런 생각이 들었습니다.

　'내가 일주일 전으로 돌아간다면, 그러니까 위암 선고 받기 전으로 돌아갈 수만 있다면, 다시는 이렇게 살지 말자. 내 주례사를 누가 듣는다고 나를 알지도 못하고 내게 관심도 없는 사람들 앞에서 그렇게 떨었단 말인가.'

　그 뒤로 말하기 시작했습니다. "나도 말 좀 합시다.", "내가 먼저 말해도 되겠습니까." 하며 말했습니다. 해 보니 잘하더라고요. 자칫 내가 말을 못하는 사람인 줄 알고 죽을 뻔했습니다. 하지만 운 좋게도 그걸 발견할 수 있는 세 번의 기회가 주어졌습니다. 감사한 일입니다.

사람은 누구나 잘할 수 있는 게 있습니다. 그것을 찾는 게 중요합니다. 공부는 그것을 찾는 과정이어야 합니다. 학교는 그것을 찾을 수 있게 도와야 합니다. 내가 진행하는 라디오 프로그램에서 만난 기타리스트 정성하 씨가 한 말이 지금도 잊히지 않습니다.

"사람은 누구나 잘하는 것 하나는 가지고 태어납니다. 나는 그것을 일찍 발견한 것이고요. 그런데 많은 사람이 그걸 찾지 못하고 삶을 마감하는 것 같아 안타깝습니다."

정성하 씨는 어릴 때부터 아버지가 기타 치는 걸 보면서 그 모습을 흉내 내곤 했는데 이를 유심히 지켜본 아버지가 어머니의 만류에도 기타를 사 줬고 10살 때 기타를 정식으로 치기 시작했다고 합니다. 그로부터 10여 년 동안 고등학교에도 가지 않고 기타를 연주해 지금까지 영상 1,300개를 유튜브에 올렸습니다. 지금은 유튜브 구독자 수 700만 명의 세계적인 기타리스트로 성장했지요.

누구나 이것저것 해 볼 수 있는 기회를 가져야 합니다. 학교와 사회는 그런 기회를 주는 데 인색하거나 차별하지 않아야 합니다. 당장 잘하지 못해도 언젠가 잘할 것이라는 믿음을 갖고 기다려 줄 수 있어야 합니다. 실패하고 실수했을 때 재도전의 기회도 줘야 하고요.

시카고의 한 고등학교에서는 성적표에 낙제 점수를 쓸 때 실패를 뜻하는 'F(Failed)'로 표시하지 않는다고 합니다. 그 대신 '아직'이란 뜻의 'NY(Not Yet)'라고 쓴다고 하네요. 실패자로 낙인찍는 게 아니라 아직은 아니지만 언젠가는 성공할 것이라는 의미로요.

잘하는 것을 찾았다고 끝이 아닙니다. 시작에 불과합니다. 예를 들어 명문대에 합격한 친구는 공부를 잘할 수 있는 재능 하나를 발견한 것입니다. 하지만 대학에 들어간 순간 자신과 비슷한 재능을 가진 친구들과 새로운 경쟁을 해야 하지요. 그러므로 내가 잘할 수 있는 걸 찾았으면 그것을 연습해야 합니다.

돌이켜 보면 나는 오랫동안 남의 얘기만 하며 살았습니다. 내 얘기를 하지 않았으니 말 연습을 하지 않은 셈이죠. 내 얘기를 하자고 마음먹은 지 10년이 지났지만 여전히 남 얘기 비중이 높네요. 하지만 조금씩 내 얘기가 늘어 가고 있습니다. 그리고 내 얘기를 만들기 위해 나름의 원칙을 세웠습니다.

첫째, 해야 하는 일을 피하지 말자.

둘째, 할 수 있는 일부터 하나씩 하자.

셋째, 너무 잘하려고 하지 말자. 할 수 있는 만큼 하자.

넷째, 결과에 연연하지 말고 다음을 기약하자.

요즘은 늘 말을 연습합니다. 친구와 점심 약속이 있으면 가서 무슨 얘기를 할까 준비합니다. 할 말이 생각나지 않으면 검색이라도 해 봅니다. 그리고 친구를 만나러 가는 길에 머릿속으로 말해 봅니다. 연습해 보는 것이죠. 친구와 헤어져 오는 길에 한 말을 복습합니다. '내가 무슨 얘기 했지? 이 말은 하지 않는 게 좋았겠다. 아, 이 말 깜빡했네. 다음에 써먹어야지.' 이런 과정을 통해 내 말이 발전합니다. 이런 나의 일상 덕분에 그 어느 때보다 충만감과 행복감을 느낍니다. 왜 그런지 궁금했는데 이시형 박사 강연에서 그 답을 찾았습니다. 우리 뇌는 새로운 변화, 모험, 발전과 성장, 지적 쾌감 같은 자극을 좋아한다고 합니다. 내가 지금 하고 있는 일이 바로 그런 것이고요.

무엇이 되느냐보다 어떻게 사느냐가 중요합니다. '잘' 살면 됩니다. 잘 사는 방법은 간단합니다. 내가 잘하고 좋아하는 일을 하며 살면 됩니다. 내가 잘할 수 있는 것을 찾을 시간은 충분

합니다. 의욕과 노력만 있다면 말입니다.

내가 모르는 나를 찾아 떠나는 여정, 그 짜릿하고 달콤한 탐험을 지금 당장 시작해 보기를 바랍니다. ☺

어른들에게

가르치는 일의 즐거움과 엄중함

교사를 꿈꾼 적이 있습니다. 노무현 대통령 연설 비서관을 하던 중 꿈을 이루기 위해 고등학교 교사에 지원해 보기도 했습니다. 찻잔 속의 태풍에 그치고 말았지만요.

세월이 흘러 10년 전부터 가르치는 일을 시작했습니다. 처음에는 강의를 '베푸는' 행위로 착각했습니다. 그게 아니었습니다. 내 것을 '써먹는' 일이었습니다. 나는 써먹기 위해 공부합니다. 그런 공부는 재밌습니다. 가르치지 않았다면 공부할 일도, 공부한 것을 써먹는 즐거움도 없었을 것입니다.

나는 가르칠 때 가장 많이 배웁니다. 미국의 행동 과학 연구소의 연구에서도 '듣기 < 읽기 < 듣고 보기 < 시연하기 < 집단 토의 < 연습하기 < 가르치기' 순으로 학습 효과가 높다고 밝혔습니다. 수업을 듣는 것이 학습 효과가 가장 낮고 가르치

는 게 가장 높은 거죠. 나도 가르치면서 깨닫는 게 한두 가지가 아닙니다. 이전에도 그랬습니다. 학창 시절 공부할 때 눈으로 읽기보다는 친구에게 입으로 설명하는 게 더 효과적이었습니다. 자신이 성장하는 것만큼 재밌는 일이 있을까요.

공자는 공부하는 태도에 관해 세 가지를 얘기했습니다. 묵묵히 마음에 새기고, 배움에 싫증 내지 않으며, 가르치는 걸 게을리하지 않아야 한다고요. 가르침에 대해 한 제자가 공자에게 물었지요.

"좋은 말을 들으면 바로 행동에 옮겨야 합니까?"

공자는 대답했습니다.

"신중해야 한다."

그런데 또 다른 제자가 같은 질문을 던지자 "곧장 실행해야 한다."라고 가르쳤습니다. "어찌하여 같은 질문에 다른 답을 주십니까?" 하고 물으니, 한 사람은 너무 성급하고, 또 다른 사람은 너무 소심해서 그랬다고 했습니다. 이것이 인재시교(因材施教)입니다. 일률적이 아니라 적성과 소질에 맞춰 가르쳐야 한다는 뜻이죠.

가르치는 방법엔 왕도가 없습니다. 질문으로 가르칠 수도 있고 토론을 통해 일깨울 수도 있습니다. 혹은 실습으로, 또 어떤 이는 모범을 보여 가르칩니다. 글쓰기만 하더라도 자신이 경험으로 깨달은 방법을 소개하는 이가 있는가 하면, 글은 어떻게 써야 하는지 원론적인 모범 답안을 알려 주기도 하고, 수강생이 쓴 글을 첨삭 지도하거나, 수강생끼리 합평하는 방식으로 가르치기도 하지요. 교육 효과는 배우는 사람에 따라 다릅니다.

자명한 것도 있습니다. 내가 중·고등학교 다닐 적 경험했던 방식으로 가르쳐서는 안 된다는 점입니다. 1등부터 꼴등까지 등수대로 앉히거나, 공부 잘하는 학생과 그렇지 못한 학생을 차별하는 교육, 일방적으로 주입할 뿐 학생이 참여하지 않는 교육, 그리하여 저마다의 역량을 발휘할 수 있는 기회를 봉쇄하는 교육. 이 모두가 배움의 적입니다.

여기서 가르쳐 주는 사람의 역할이 중요합니다. 가장 먼저 필요한 덕목이 투명성입니다. 흔히 말하는 솔직함이지요. 막힘없는 소통을 위해서는 마음을 터놓고 말해야 합니다. 구성원 간 신뢰는 여기서부터 시작됩니다. 자신만 진솔해서 될 일은 아닙니다. 교실 안에 정보 공유의 장과 채널을 다양하게 구축하고, 토론과 비판이 자유롭게 이뤄지는 분위기를 만들어야 합니다. 사람은 누구나 알려 주면 마음이 움직이고 몸이 따라갑니다. 이런 환경에서 교사와 학생이 원하고 기대하는 바를 잘 알 수 있습니다.

고등학교 시절 카드 섹션이란 걸 했습니다. 카드 섹션은 운동 경기같은 행사가 있는 날 일정한 간격으로 늘어앉은 사람들이 갖가지 색의 카드를 이용해 그림이나 글씨 따위를 나타내는 일이지요. 운동장에서는 경기가 이루어지고 선수가 아닌 아이들은 스탠드에 앉아서 카드 섹션을 했어요. 카드 섹션 할 때 지금 내가 무슨 그림을 그리고 있는지 몰랐습니다. 내가 들어야 할 차례에 맞춰 카드를 들 뿐이죠. 그걸 들 때 항상 초조했습니다. 선생님이 깃발을 드는 순간 일제히 들고 내려야 했거든요. 다른 색깔을 들거나 타이밍을 못 맞추면 불려 나갔으니 재미있을 턱이 없죠.

하지만 전체 그림을 알고서 하나하나 맞추는 퍼즐은 다릅니다. 그림 퍼즐 좋아하는 아들을 보니 독일의 고성(古城)처럼 가격도 엄청 비싼 걸 사 와서 며칠 동안 잠도 안 자고 맞춰요. 왜 하느냐고 물으면 재미있대요. 왜 재미있을까요? 두 가지 이유 때문입니다. 하나는 무슨 그림인 줄 알고 맞추니까 재미있는 것이지요. 완성된 그림을 보여 주지 않고 조각만 주면서 맞춰 보라고 하면 재미있을 리 만무하지요. 두 번째 이유는 다 맞추고 나면 자기 작품이기 때문이에요.

가르치는 사람은 실력도 갖춰야 합니다. 노무현 대통령 글을 쓸 때입니다. 내가 쓴 글을 대통령이 매번 지적하고 꾸짖었습니다. 나는 서운한 마음이 들었지요. 그러던 어느 날, 대통령이 내게 글 한 편을 써서 보냈습니다. 「한일 관계에 관해 국민 여러분께 드리는 말씀」이란 연설문이었습니다. 그 글을 읽고 깨달았습니다. '그동안 내가 이분을 도와드린 게 아니고 배우고 있었구나. 이 정도 실력 있는 분이 나를 데리고 글을 쓰려니 얼마나 갑갑했을꼬.' 그랬습니다. 그의 글은 흠잡을 데가 없었습니다. 숨겨 뒀던 그의 뛰어난 글솜씨를 알게 됐습니다. 그 이후 나는 고분고분해졌습니다. 아니, 많이 혼날수록 수지맞는 장사라고 생각하게 됐습니다.

단지 실력만은 아닙니다. 일에 대한 열정이 있어야 합니다. 가르치는 일을 사랑하고, 잘하고 싶은 열의가 있어야 합니다. 어떻게 가르쳐야 배우는 사람이 공부의 재미와 의미를 발견할 수 있을지 궁리해야 합니다. 가르치는 일을 잘하고 싶어 부단히 공부해야 합니다. 공부를 게을리하고 배움을 즐거워하지 않는 이가 어찌 잘 가르칠 수 있겠습니까.

공부에 관심을 갖고 흥미를 느껴야 합니다. 그러면 주의를 기울이게 되고 궁금해집니다. 탐구욕이 타오르게 되지요. 의문이 생기고 반문하게 됩니다. 의심하게 되는 것입니다. 이를 통해 생각이 한 자리에 머물지 않고 변화 발전합니다. 공부하기 전과 후의 생각이 달라지고 사람이 달라집니다. 내가 모신 분들은 하나같이 일에 진심이었습니다. 매사에 열과 성을 다했습니다. 일을 잘하고 싶어 스스로 공부 중독자가 되어 함께 일하는 사람을 가르쳤습니다.

사람에 대한 애정도 필요합니다. 배우는 사람의 처지나 심정에 공감하는 것은 물론, 그들이 참여할 공간을 열어 주고, 그들의 말을 들어 주고, 그들끼리 연결될 수 있도록 도와야 합니다. 그리하여 그들이 가르치는 내용을 이해하고, 그런 내용 사이사이의 빈칸을 채우고 맥락을 파악한 후, 그 내용에 관해 비판적으로 사고해 보는 과정을 통해 자기 생각을 만들고, 그것을 설명할 수 있어야 합니다.

선생님은 학생들이 안심하고 안길 수 있는 푸근한 품이 되고, 학생들은 선생님이 믿고 기댈 수 있는 듬직한 등이 되어야 합니다. 그야말로 가르치는 사람과 배우는 사람이 교학상장(敎學相長) 하는 것이지요. 이를 위해 기본적으로 사람을 아끼고 귀하게 여겨야 합니다. 사람이 성장하는 데서 보람을 느낄 수 있어야 합니다. 대부분의 우리 선생님이 그렇듯 말입니다. ☺

강원국의 진짜 공부

10대를 위한 30가지 공부 이야기

초판 1쇄 발행 2023년 8월 1일
초판 3쇄 발행 2023년 10월 30일

지은이 • 강원국
펴낸이 • 김종곤
편집 • 임소형
조판 • 이주니
펴낸곳 • (주)창비교육
등록 • 2014년 6월 20일 제2014-000183호
주소 • 04004 서울특별시 마포구 월드컵로12길 7
전화 • 1833-7247
팩스 • 영업 070-4838-4938 | 편집 02-6949-0953
홈페이지 • www.changbiedu.com
전자우편 • contents@changbi.com

ⓒ 강원국 2023
ISBN 979-11-6570-220-5 03370